创新社会治理
行动者的逻辑

INNOVATIVE SOCIAL GOVERNANCE:

HOW TO
PUSH FORWARD

曾红颖 —— 著

社会科学文献出版社
SOCIAL SCIENCES ACADEMIC PRESS (CHINA)

前　言

　　社会本身就是一个无边无际的概念范畴，社会中人的复杂性，各类社会主体的多元性、多样性、异构性，加上价值观差异、利益冲突和行为的路径依赖，使社会现象五彩缤纷、社会问题错综复杂、社会矛盾和冲突惊心动魄。社会治理就是保护社会生态多样性、为社会系统朝向既定目标加入机制或基因。所谓机制就是激励或惩戒，它以制度形式存在，作用机理是人们的理性选择——趋利避害，因此合适的制度建构和政策设计要抓住社会矛盾和时代问题的关键点，化解社会冲突、解决社会问题，降低社会运行的摩擦成本。让社会中的多元主体各得其所，美美与共，这样才能使社会和谐程度更高，社会中的人更幸福，社会中的各类组织更有活力和动力。

　　比机制设计更高一筹的是基因写入，对于社会来讲，基因就是文化自觉、底层的行为逻辑、本能的行动选择。习近平总书记说，文化是一个国家、一个民族的灵魂，四个自信说到底是文化自信。一个民族要实现复兴，既需要强大的物质力量，也需要强大的精神力量。文化提供了集体选择的底层逻辑，促进社会共识达成。

　　当代治理实践是在全球不同国家和地区政策协作协调中产生的新范式，治理的前提是多元主体的存在、问题的复杂性、系统的脆弱性，因此多元协同不是可选项，而是必选项。

　　社会治理这个概念是中国学者首先提出的，在中国知网数据库检索到的最早关于社会治理的文献是 1994 年萧伯符发表的《论语与中国社会治理模式探讨》一文，他提出，中国古代社会有三种典型的社会治理模式，以法家的法治、道家的无为而治以及儒家的德主刑辅的综合治理模式最典型。其实萧伯符说的社会治理等同于国家治理，是大治理的概念。2013年，党的十八届三中全会《中共中央关于全面深化改革若干重大问题的决定》中首次提出国家治理体系和治理能力现代化的目标，此后习近平同志多次论述了社会治理相关内容、工作及要求。在工作层面，社会治理的抓手为综治办，以治安维稳为工作重点；在城市和区域维度，社会事务及公共服务设施安全运行成为社会治理的重要工作；在基层，将社会治理落实到社区、居委会、村委会成为解决社会问题的一个出口。实际上我们有了三个社会治理，一个是学术的，一个是政策的，一个是实践的，在实践维度又有不同层级。

社会治理一定要解决社会问题，但社会治理围绕问题转，只能越转问题越多，没有出路。笔者长期从事社会治理政策研究，从行动者的逻辑出发，认为政策的有效性主要依赖于对现象的精准理解和对问题关键点的准确把握，形成共识是首位的，在共识基础上确定行动的优先领域就是本书的主要工作。

全书共有八章。从逻辑上说包括两个部分，第一部分一至四章是理论构建。第一章提出问题，通过山洪灾害防治案例呈现社会治理问题的复杂性和多维度，笔者在其中梳理出由政府介入引发的责任产生、转移和传递的逻辑，指出社会治理从应对问题入手的超级难度，可能出现被问题埋没、费力不讨好的尴尬局面。第二章从概念共识、国外实践、政府角色变化、绩效评价四个角度，进一步加深对社会治理的理解，明确社会治理从概念到实践、从历史到逻辑的演进历程。第三章论述中国社会治理的当代使命，不是自建学科领域，而是融入时代和国家发展的主线中，和国家发展目标、经济社会统筹目标紧密结合，成为国家治理体系的有机组成部分。社会治理的目标是社会秩序与活力的平衡，约束条件是成本投入，它的作用发挥即社会交易成本。当社会常态运行受到严重外部冲击时，如地震、洪水等，社会治理能力体现为社会正常秩序的快速恢复和重建能力。当代中国处在连续转型时期，经济高速成长带来巨大机会，同时不同阶层的人群把握机会、适应变化的能力不一样，表现出收入和社会地位的快速变化，这种变化带来社会各阶层的普遍焦虑，建立全民覆盖的社会保障和公共服务制度体系，推动形成对未来强大的、安全的理性预期是当代中国社会治理的阶段性目标。因为社会治理目标是建构外在秩序和内在秩序，因此它的落地绝不能烦琐，底层逻辑必须是积极"无为"，热心"助推"，因势利导，顺势而为。第四章论及社会治理政策的简化，在把握全局的基础上，将社会系统关键治理节点清晰化，聚焦关键矛盾和问题。以主要结构变量为观测点，以增量、增信、增能为原则，把握三条主线，做好三项工作，简化社会治理动作，强化效果。第二部分五至八章对四个重要维度的社会治理创新进行了专题研究，包括政策融合、数据赋能、以公共服务为载体、基层治理与社会创新。

目　录

图目录

表目录

专栏目录

第一章
在真实的案例中还原社会治理的现状

治理是建立在合作基础上的共同管理。"大厦之成，非一木之材也；大海之阔，非一流之归也。"社会治理由政府全面包揽到共建共享共治是一个必然趋势。问题的关键是一个强政府和一个成长型的社会在哪里找到新的平衡点？如何解决社会治理问题？实际上与我们对这个问题的认识深度以及我们对结果的要求精度有密切关系。

本章透过山洪灾害防治过程中基层动员的项目案例呈现一个专业门槛很高的领域如何和基层治理建立起千丝万缕的联系？一个性命攸关的风险由于低频发生如何被大众、基层组织视而不见？

第一节　提出问题：谁对生命安全负责任

安全在马斯洛需求曲线上排在较低的层级，似乎是比较容易满足的需求，而实际情况却没那么简单。出生在非洲的儿童25%活不过5岁，生命安全似乎和国家经济发展阶段及实力相关；以美国为例，2007年到2018年，美国共发生了47220起枪击案件，11984人死亡，人数几乎是9·11事件遇难人数的4倍，是美军在伊拉克战争中死亡人数的3倍。震惊之余，我们不禁想问一个问题：社会秩序不是政府的事权吗？生命至上的美国公共安全体系还做不好吗？2012年7月21日至22日8时左右，北京特大暴雨引发洪涝灾害，部分地区甚至 500 年一遇，死亡 79 人，其中有 5 人是在城市中遭遇意外。从上述几个例子可以看出，生命安全和国家发展、社会制度、个人安全防范意识、危机应对能力等多个因素相关，任何一个环节出现问题，都可能引发灾难性的后果。我们可透过山洪灾害防治的案例来看责任的产生、转移和传递。

第二节　政府之手：山洪灾害防治体系

山洪灾害是指山丘区由于降雨引发的山洪、泥石流、滑坡等对人民生命、财产造成损失的灾害。致灾因素不仅包括特殊的地形地貌、地质构造、降雨量和降雨强度等自然因素，还包括人类对自然资源的开发利用、人类活动对自然环境的影响、工程防洪标准偏低，以及人们对山洪成灾机理认识不清等因素。[①] 我国山洪灾害防治区面积 386 万平方公里，防治区人口 3 亿人。山洪灾害频繁而严重，在活动强度、爆发规模、经济损失、人员伤亡等方面均居世界前列，每年都会造成大量财产损失及人员伤亡，是我国自然灾害造成人员伤亡的主要灾种之一。面对严峻的防御形势，我国在 2003 年起开始编制山洪灾害防治规划，2006 年获国务院批复。2010～2015 年，水利部、财政部加大山洪灾害防治力度，全面开展了山洪灾害防治项目建设。

一　国家建设山洪灾害防治体系和项目

以 2006 年 10 月国务院批复《全国山洪灾害防治规划》为起点，历时近 10 年，在水利部门和其他相关部门的大力推动下，我国山洪防治减灾工程基础设施得到明显改善。一是形成了全国联网，节点包括 2058 个县的山洪灾害监测预警系统、省市县联动应急指挥跨部门平台、灾情预警广播系

---

① 张辉、李兴勇、汪吉萍：《黑龙江省山洪灾害预案编制及防御措施探讨》，《中国防汛抗旱》2011 年第 6 期。

统，共布设 14 万套，基本做到了村级覆盖。二是灾情大数据动态采集平台初具规模，"十二五"以来，新建自动雨量、水位监测站 5.1 万个，简易雨量站 17.7 万个，水位站 2.6 万个，做到了水文站乡级覆盖，简易雨量监测设施自然村覆盖。已基本建立起一套从天到地、覆盖全国所有山洪灾害危险点的大数据平台和动态指挥应急网络。

二　山洪灾害防治项目取得预期成效

群死群伤现象大量减少。据统计，我国每年山洪灾害死亡人数占洪涝灾害死亡总人数的 60% ~ 80%。近年来，我国山洪灾害死亡人数明显下降，排除各年中特大灾害造成的数据异动情况，如 2010 年甘肃舟曲山洪泥石流灾害，按照年发生 1600 次山洪灾害估算，2010 年以来，山洪灾害造成的群死群伤现象大量减少，平均每 4 次灾害仅造成 1 人死亡，和之前十年相比有明显改善（见图 1 - 1）。

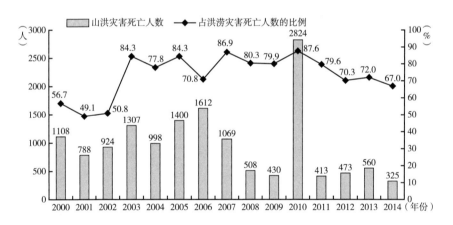

图 1 - 1　2000 年以来山洪灾害死亡人数及其占洪涝灾害总死亡人数比例

人员伤亡比重下降的同时，财产损失并不减少，甚至日益严重。根据近年来《中国水旱灾害公报》统计，2014 年，全国洪涝灾害造成直接经济损失达 3155.74 亿元，超过当年中央本级医疗卫生总投入（2931.36 亿元），比文化体育和传媒（508.15 亿元）加住房保障支出（2529.78 亿元）总投人之和还多。值得注意的是，2012 年以来，全国洪涝灾害造成的直接经济损失连续几年呈大幅增长态势（见图 1 - 2）。

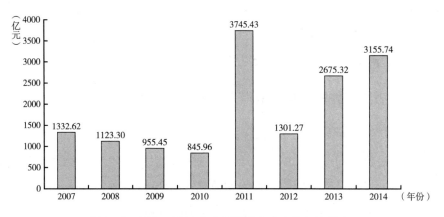

图 1 - 2　2007～2014 年全国洪涝灾害直接经济损失

数据来源：《中国水旱灾害公报》（2006～2014）。

三　山洪灾害防治出现系统短板

山洪灾害防治主要工作包括基础设施建设和监测预报、预警系统化。基础设施建设有边界，比如河道是按照 50 年一遇等级修建的，但突然降临百年一遇的灾害，设施安全就靠不住了；监测预报、预警系统化可以做得很完善，但系统效果的发挥需要工作体系来保障。当技术和设施改进优化后，最重要的系统短板是人的风险意识和行动能力。当预警发布覆盖百万、千万级别人群时，个人安全防范的行动能力和基层组织的重要性就不言而喻了。而人员伤亡恰恰是衡量山洪灾害防治结果的关键指标。为了保障山洪灾害防治项目目标落实，水利部门领导在中国广大山洪灾害风险地区建立起以县为单位、县主要领导全面负责到村的群测群防体系。

第三节　工作创新：群测群防是有突出中国特色的
山洪灾害防治模式

经过长期摸索，山洪灾害防治形成了具有中国特色的群测群防模式。即在山洪灾害防治体系中有一个非常重要的群测群防网络，简言之就是防灾抗灾教育培训深入基层。一是村村有防御预案，"十二五"以来，编制完善了2058个县、2.6万个乡（镇）、22万个村的山洪灾害防御预案；二是村村有报警设备，分发简易报警设备（锣、鼓、号、口哨）64万台（套、面）、手摇报警器23万台，制作了70多万块警示牌、宣传栏；三是村村建立了责任到人的预警、预报、转移联络、应急抢险骨干队伍；四是户户有明白卡，全国共发放了5100多万张。总的来看，一个覆盖全国、全民动员的防灾网络已全面建立起来。据不完全统计，2010~2013年，各地共组织了510多万人次防灾培训演练，发布预警信息2750万条，启动预警广播13.8万次，转移危险区群众1750多万人次。

一　群测群防山洪灾害防治模式中的行政动员

群测群防是群众性预测预防灾害工作的统称，起源于陕西省安康市平利县八仙镇。1998年江西省在全省范围内开展群测群防防灾减灾宣传和培训。对已调查发现的地质灾害隐患点、危险区插上小彩旗，以示警告。可见，早期的群测群防本质上是群众运动且由政府引导。2001年，国土资源部制定发布《县（市）地质灾害调查实施细则》，明确规定在开展调查的县（市）建立群测群防体系。[①]

现阶段，群测群防体系建设已成为山洪灾害防御的重要基础性工作。随着经济社会发展，群测群防体系也更趋科学和完整，已成为建立在专业的灾害评估和全域监测预警平台基础上，以国家行政指令为依据，各级地方政府主要领导负责，全国、省、地（市）多级联动指挥动员的全国防灾减灾行动网络。行动网络中，基层是县、乡、村、组、户五级联动联保的群众自组织网络，每一个家庭则是网络中的一个节点，其既可以在灾害来临时互助互保，也能得到上级网络节点的经济、技术和人力支撑。

---

① 文良友、蔡频：《溪洛渡水电站水库影响区地质灾害的预测预防》，《水力发电》2018年第1期。

二 群测群防体系中的三种基层组织模式

群测群防体系是我国防灾减灾过程中形成的一个特色工具包，其中行政首长负责制是一个重要基础，重点是专业网络和社会基层组织的方向与能力整合及集体合力形成。其中涉及群体动员和集体行动，我们关注的重点是如何全民参与？基层力量如何有序引导？政府和群众组织如何更高效结合？

这首先涉及政府力量在中国社会的定位和评估问题。在基层社会中，政府公信力依然是建立社会信任和发动集体行动的有力背书。

根据调研，群测群防工作中，政府力量和基层群众组织力量结合有三种模式，即利益共同体模式、能人影响力模式和政府＋基层执行力模式。在群测群防工作进展中，"政府＋"模式被普遍采用，提升了基层群众组织防灾意识和能力，值得肯定和推广。

1. 利益共同体模式

著名社会学家米塞斯研究了人的行为经济学。他认为人的自发行动和政府干预是完全不同的，人的行动是有目的的，政府干预是强制命令，因此与市场上的自愿交换有本质区别。经济计算让市场参与者可以客观地计算得失，以寻求个人的最大满足；而政府干预是否真的帮到了它想帮助的人，却没有客观指标能参考。在突发灾害面前，如果没有政府的组织和号召，基层组织和群众会是什么情况，是四散逃逸还是自发组织起来呢？在栾川调查养子沟村发现，该村群众组织应对山洪灾害动员及时，组织有力。当地群众以旅游服务为主业，全村村民依托当地自然景观资源进行经营，维护集体资产，共同应对灾害已成为村民自觉行动。2010年栾川暴雨，养子沟景区五里坑处停车场被淹，20余辆大巴车及五六十辆小车被困，4公里双向道路被冲毁，被困游客1000人。2014年暴雨再次袭击养子沟，财产损失不小，路桥被冲毁，但全村上下齐动员，没有一位游客发生意外。

2. 能人影响力模式

河南省卢氏县杜关镇民湾村骆占方当村党支书多年，是带领一方农民致富的行家里手，民湾村以生产烟叶为主，全村村民几乎都在家经营，和其他地方以农民外出务工发展的模式迥异。骆占方在村里非常有威信，入村调研时他召集来的相关人员坐满了几十人的会场，包括 12 个自然村组组长和民湾村抗洪救灾突击队相关人员，即两个分队长，每队 10 人和"五大员"10人，分别为鸣锣员、鸣哨员、雨量监测员、水位观测员、手动报警管理员各两名，五大员各负其责，建立起一个完整的监测、预警制度。同时，民湾村还在汛期每天安排两人值班，在学校等五处险工险段安排有专人排除险情，6 个自然组有 11 户危房安排有专门责任人，7 个智障人员分布在 7个自然组中，建立起"监护人 + 责任人"双重安全保障。村防汛物资分类、数量、存放地点、责任人张表列示。民湾村近年来两度遭遇百年一遇大洪水，一次发生在项目建设前，一次发生在项目建设后，均没有造成人员伤亡。勒庞认为，群体行动的关键领导人非常重要。在基层群测群防过程中我们观察到有一类如骆占方的在地精英的存在，依靠自己的影响力组织起有效的防灾减灾行动。

3. 政府 + 基层执行力模式

甘肃陇南市成县的长沟村位于鸡峰山脚下，全村 49 户 146 人，常年外出打工 54 人，占全村劳动力的 60%，60 岁以上老人 24 人，18 岁以下人口33 人，农村空心化严重。当地大学生村官张璇成为政府在基层执行力的重要体现。从开办网店到领导农民创收致富，从宣传党的政策到抢险救灾、扶贫帮弱，在成县像张璇这样的大学生村官共有 528 人，这些年轻人依靠良好的知识背景和素质能力成为新农村建设的一道亮丽风景。根据 2016 ~ 2017年《大学生村官发展报告》，2016 年底我国有大学生村官 10.3 万人，保守估计目前大学生村官数目超过 20 万人。这批大学生富有执行力，能较好地贯彻落实政府各项行动。

三 群测群防模式是因地制宜的实践探索成就

我国各地地形、气候差异大，山洪灾害预报难度很大，一些山丘区坡高谷深起伏大，河流产生汇流快，流速大，突发性强，从降雨到形成山洪灾害历时短，一般只有几小时，甚至不到 1 小时，专业网络在极端情况下可能失效、失联；因此，提高广大干部群众防灾减灾意识和应急处理能力是防灾重要环节，也是减灾的关键所在。

四 群测群防模式经济社会效益显著

以四川省为例，山洪灾害规划实施后，四川省大约 1200 亿元的固定资产得到有效保障，山洪灾害预防总费用约为 114 亿元，则投保比约为 1∶11，经济效益十分显著。人员伤亡低于历史同期和全国平均水平。根据北京市有关部门报告，项目建成两年来发挥了明显的社会效益和经济效益。充分利用山洪灾害防治县级非工程措施建设项目，切实做到了"实时监视、及时预警、四级联动、预案到村、包干到人"，山洪灾害预警转移工作中无一人伤亡[①]，取得了显著成效。2013 年后监测系统和平台正常运行，多次发布预警，群测群防高效，多年山洪灾害未再造成人员伤亡。

五 群测群防作为减灾工具可以作为国际合作和援助的重要领域

根据联合国国际减灾战略 2010 年发布的全球自然灾害统计报告，2000～2009 年共发生 3852 起国家范围内的自然灾害事件，造成超过 78 万人丧生，经济损失高达 9600 亿美元。亚洲是遭受自然灾害打击最为严重的大陆，死伤人数占到全球总数的 85%。亚洲开发银行发布的报告显示，21 世纪的前 10 年间，亚洲地区爆发了严重的洪水、地震、山体滑坡等自然灾害，造成约 65 万人死亡，是 20 世纪 80 年代的近 7 倍，严重制约了亚洲经济发展。[②] 中国政府和人民在与山洪灾害斗争的过程中，总结形成的技术网络与基层组织网络相结合的模式可以为各国减灾防灾实践提供参考。通过总结经验和模式，可以进行国际交流与推广，丰富我国对外援助与合作内容，传递社会治理经验与文化价值。从这个意义讲，群测群防体系建设的重要性不言而喻。

---

① 刘启来、刘洪伟、张力：《北京市山洪灾害防治非工程体系在应对"7·21"特大自然灾害中的成效及思考》，《北京水务》2012 年第 12 期。
② 曹玮：《洪涝灾害的经济影响与防灾减灾能力评估研究》，湖南大学博士学位论文，2013。

第四节　行动逻辑：责任的产生、转移和传递

通过山洪灾害发生、防治这一过程，我们发现由于政府专项的实施，项目主管方、地方政府领导、行政体系和基层组织与大众的防灾关系在演变中。

一　责任的产生机制

（一）重大自然灾害中的人员伤亡

自然灾害造成人员、财产损失，在工业化之前，人们能做的预防是非常有限的，听天由命，"天"就是超越人为的力量，在人类历史上长期都有一个"天命"是要人类共同接受或承受的。政府救灾减灾是为了平抑"天灾"附加"人祸"，造成更大的悲剧，至于救灾减灾的效果显然与灾害强度、求生意愿、救灾能力和救灾努力多种因素相关。所以封建时期，地方发生灾害地方政府官员会及时上报灾情，申请赈灾物资和灾害时动用储备物资的权利，这个过程叫"为民请命"，地方政府的官员集团会充满了道德崇高感投入救灾一线，同时最高统治者的诉求就是不发生大面积死亡、流亡、瘟疫。在当代，人们应对自然灾害的能力有了巨大的提升，主要表现为：第一，预测能力大幅度提高，可以提前预警，人们提前采取措施；第二，预防能力的本质改变，可以建设许多基础设施，防范风险，如城市高层建筑要求防范七级地震等；第三，救援能力大幅度提升；第四，灾害重建能力大幅度提高等。但自然灾害造成人员伤亡或重大伤亡的本质没有改变。在自然灾害导致的伤亡事件中，由于公共资源大规模、系统化的接入，产生了一个工作绩效的责任。

（二）政府项目启动改变了责任逻辑

1. 政府救灾责任变成了防灾救灾义务和工作

在基础设施改进、监测能力大幅度提升、防灾预案到村到户到人的背景

下，针对防灾结果，特别是人员伤亡我们依然不能做出预见性的判断。其中重要原因就是防灾救灾是一项系统工程，不仅取决于能力和准备，还要有人们的配合。系统能力要在每一个面临潜在灾害风险地区的民众身上反映出来，并强化他的能力，这在操作上几乎不可能完成。怎么办？通过行政动员来进行群众动员。如此形成了一个相对完善的山洪灾害群测群防体系："人（责任制、预案）""物（监测预警设施设备）""意识（宣传、培训、演练）"三者有机联系，发挥整体效用（见图1-3）。

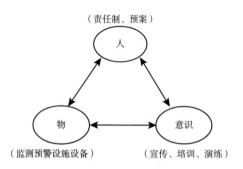

图1-3 山洪灾害防治体系示意

群测群防不是群众自发组织的，而是通过行政动员来完成的。行政动员效率低下影响群测群防的执行效果。因此，责任制通过项目由群众、政府、业务部门多方责任演变成地方政府责任。

2. 减灾救灾工作无形中演变为工作绩效的锦标赛

我国是一个多灾国家，各个专业部门依靠行政动员进行灾害防治是最有效率的。所以都会积极推动形成一些优秀案例，优秀案例的传播对一些防灾不力的地方形成压力，特别是造成人员伤亡的地方倾向于隐瞒事实真相。隐瞒真相防止被上级追究领导不力的责任，但更恶劣的是没有从错误中学习和进步。

2013年8月，辽宁省防汛抗旱指挥部通报，抚顺"8·16"洪灾已经造成63人死亡，101人失踪。在抚顺洪灾中受灾最严重的清原县南口前镇有两个相邻村伤亡情况大不一样。其中南口前村因灾死亡30人，失踪58人，而与该村一桥之隔的北口前村则是零伤亡。① 同一场洪灾，两个村子受灾情况却迥异，关键原因是基层团队的责任心和工作态度。辽宁省有关部门 8 月 15 日已对强降雨天气进行预警，明确要求及时转移受威胁群众；8 月 16 日，辽宁省启动防汛三级应急响应，再次要求转移受威胁群众。在零伤亡的北口前村，村支书接到通知后迅速要求 9 名村干部挨家挨户组织村民转移，个别不想撤离的村民还被强制撤离；而伤亡严重的村子仅发了通知。同样的信息通知，不一样的责任心和工作态度产生迥然不同的结果。

南口村和北口村的案例有很强的说服力，但出于种种考虑，它没有成为系统学习优化的素材，这个一桥之隔、命运迥异的案例渐渐被人们忘记了。人们的防灾意识还在自然缓慢进步中。

3. 防灾意识强的地方有两个共性

各个地方的防灾意识不同，可能造成结果不同，是什么因素影响决策呢？主要有两个方向。

近期灾害效应。灾害降临反过来促进提高防灾意识，尤其是近期发生的灾害更能提升人们的防灾意识。2012 年北京房山发生重大山洪灾害，此后多年，雨情、灾情未减，全市全系统干部群众高度重视，没有发生一例人员死亡。2007 年、2009 年河南栾川发生两次特大山洪灾害，2007 年山洪灾害死亡 90 人，2009 年只有 3 人遇难。

历史上灾害频发地区和地理条件发生变化的地区更易引起重视。河南栾川县是山洪灾害高发地区，2011 年以来，栾川县累计投入资金 2495 万元，实施山洪灾害防治项目两期，共在全县 15 个乡镇 394 个山洪灾害威胁区及山洪灾害防御重点部位，建成自动雨量站 54 个、自动水位站 9 个、简易雨量站 365 个、简易水位站 142 个，发放手摇警报器 666 个、安装预警广播 555 套、配发铜锣 915 面、配发喊话器 472 个，实现全县每个乡镇、村组和山洪灾害防御的重点区域、重点部位都设置了必要的监测预警设备。同时，建成了县乡计算机网络系统、视频会商系统、数据接收处理系统和监测预警

---

① 汤嘉琛：《灾难预警必须"预"到实处》，《长春日报》2013 年 8 月 30 日。

平台，实现了省、市、县、乡四地的异地视频会商，雨情、水情、气象信息的实时查询、监控，预警信息实时发布和小流域洪水分析。① 同时每年汛期来临之前，全县五套班子参与指挥的全民演练坚持不懈，全县山洪灾害防御能力得到全面提高。再如汶川大地震使当地地理地质条件发生很大改变，汶川阿坝等地成为易受山洪灾害影响地区。地方政府及群众防灾减灾意识显著增强。这个调查结果让人沮丧，我们从他人实践中获得经验和真正的教训很难，所有的教训都由生命凝结而成，付出沉重代价的人们从中学习到风险应对。

二 责任转移

如果哪个地方因为意外灾害的降临，造成重大人员伤亡，就能判断地方一把手风险意识不强、决策不理性吗？结论是不能。中国行政资源的控制、配置和责任主要集中在地方一把手身上。这就决定了一把手工程是非常稀缺的，如果让一把手把主要精力放在百年一遇，或者几百年一遇的意外风险才是更大的不理性。

专栏1　"农村空心化"严重制约群测群防的基层能力建设
——以甘肃陇南成县长沟村调查为例

甘肃省陇南市成县有人口 26.68 万人，全县财政收入只占本级支出的 1/10，是全国贫困县之一，交通不便，成县与甘肃兰州、陕西西安、四川广元的距离都在 500 公里左右，公路交通成本在 5～7 小时。全县有 12 镇 5 个乡 245 个行政村。长沟村位于鸡峰山下，属于鸡峰镇所辖 27 个村之一，距镇政府所在地 11 公里，距县城 12 公里，全村包括 2 个村民小组，共 49 户，户籍人口 148 人。调研覆盖 49 户 146 人。通过全口径入户调研数据分析，长沟村现状如下。一是人口结构一老一小特征突

---

① 张琦建、李延峰、李社会：《河南栾川县山洪灾害防治县级非工程措施项目建设经验与做法》，《中国防汛抗旱》2014 年第 6 期。

出。长沟村 146 人中，18 岁及以下人口 33 人，60 岁及以上年龄组 24 人，平均年龄 74 岁。一老一小占总人口的 39%。

表 1-1 长沟村人口结构

单位：人

性别	人数	60 岁及以上人口	0~18 岁人口	19~59 岁人口
男	75	12	19	44
女	71	12	14	45

资料来源：人户调查数据汇总。

二是家庭人口生产功能严重萎缩，情感纽带弱化。核心化和空巢化特征突出，核心家庭 20 户，占全部家庭总数的 41%，在核心家庭中生育意愿明显降低，有 50% 的家庭选择 1 孩，生育 3 孩的家庭只有 1 户；空巢家庭 11 户，占全部家庭总数的 22%，在空巢家庭中，孤老家庭 9 户，双老家庭 2 户；传统家庭仍有一席之位，11 户家庭三代同堂，但其中有 3 户家庭离异，没有女主人。家庭结构不完整比例较高，家庭生活普遍存在问题。49 户中，单身 4 户，离异 9 户，家庭结构不完整的占比高达 27%。由于外出打工对收入的强支撑作用，长沟村有 27 名女性外出打工，其中常年在外打工的已婚妇女 11 人，打零工的孩子妈妈 10 人，58% 的家庭处在夫妻分居或儿童留守状态。

从长沟村的家庭结构情况看，农村社会的家庭可持续发展能力被严重弱化，2 人及以下家庭 18 户为无发展能力家庭，核心家庭 20 户中 1 孩及以下 10 户，在未来 20~50 年，家庭户数自然衰减，加上女孩外嫁等因素，估计家庭户数会减少 30%~50%，长沟村不仅面临空心化问题，更面临整体凋零的风险。

三是人口流动问题突出。共有 19~60 岁劳动人口 89 人，其中外出务工人数达到 54 人，占农村劳动力的 61%，常年在外打工 33 人，占劳动人口的 37%。

表 2 - 2　长沟村外出务工人数统计

单位：人

组别	人数	文化程度			年龄结构		
		小学	初中	中专	15～25 岁	26～35 岁	35 岁以上
常年	33	10	22	1	18	8	7
零工	21	18	3			3	18
合　计	54	28	25	1	18	11	25

资料来源：入户调查数据汇总。

"农村空心化"是当前我们农村人口社会结构的突出特征，据估计全国有 6100 万儿童的父母外出务工，中国常年农民工数量在 2.4 亿人左右。广大农村生活条件差，基本公共服务保障有缺口，一些地区生态环境脆弱，是山洪等多种自然灾害频发区，如何夯实基层减灾能力是一个不能回避的问题。

三　责任传递

2010 年 11 月，水利部、财政部、国土资源部、中国气象局等四部局启动了山洪灾害防治县级非工程措施项目建设，中央财政累计安排补助资金 79.38 亿元，地方落实建设资金 37.8 亿元。① 中央财政在 2013～2015 年每年计划安排山洪灾害防治经费 43 亿元。这些经费主要用于地方政府防汛抗旱指挥平台建设、监测预警网络建设，基层简易水位和雨量监测仪器、报警和广播装置、宣传费用支出。没有安排人员经费，调研中基层组织希望能参考护林员制度，有适度补贴。同时出于财政体制原因，"十三五"时期此项目的可持续性也有不确定性因素。项目经费不足，结果打折，所以上级政府问责的底气也就弱了。

---

① 何秉顺、常清睿、左吉昌：《山洪灾害防治县级非工程措施项目建设管理概述》，《中国防汛抗旱》2013 年第 10 期。

四 从责任传递链看社会治理中面临的基本难题

（一）滞后效应

什么是滞后效应？就是政策推出、工作落实到结果产出之间的时间差。以山洪灾害为例，困难不仅在于防治"天灾"，更重要的是不产生"人祸"，人祸绝不是简简单单的领导问题，还有普遍存在的松懈和侥幸心态。当专业部门建设了庞大的基础设施，动员了数以万计的科技人员把全国的灾害预警练成一张网的时候，依然会发现网络底端看得到、够不到，如何让"日理万机"的地方一把手把概率1%的风险排在注意力的第一位？如何让普通老百姓增强安全防范意识？这些都不是技术能解决的。特别是当年复一年的安全教育没有等到风险，可能出现的问题就是安全宣教变成"狼来了"的耳旁风。如果小概率的黑天鹅出现了，加上一刀切的"问责制"，就会形成一个坚固的潜规则机制，没有人关心机理，掩盖问题和真相就是理性的选择。

怎么办？优化方法。

1. 改变社会预期，群测群防科普宣传要扩面和提升层次

宣传教育是改变干部群众对山洪灾害认识的重要工具。当前在县域非工程项目和山洪防治建设项目中宣传演练都是一个重要环节，地方政府及业务主管部门开展了很多有地方特色的探索，宣传方式灵活多样，有地方文化特色。但以省或地市为单位的宣传还有不足：一是覆盖面小，比如明白卡发放5400万张，但重大人员伤亡中旅游等流动人口比例不小，被项目所遗漏，原来的宣传重点在县域内，由于全球气候变化，暴雨对城市治理和减灾也提出要求，居民也有提高避险防灾意识和知识的必要，保证自身人身安全是现代公民基本科学素养的重要内容，因此宣传教育应作为全民科普内容而扩面；二是当前山洪灾害宣传中区域特色突出，但没有形成有传播力和影响力的大众文化产品，而只作为一个山洪防治工具，在改变人们观念，进而影响行动方面力量分散，效果不突出；三是山洪灾害在不同空间尺度上表现频率和破坏性不同，以县甚至省为单位的文化产品整合案例少，视觉冲击效果差，因此建议由国家项目组整合一部分宣传资源进行灾害教育，保证制作精

良，富有文化内涵，获得更好的传播及社会价值。

2. 进一步理顺体制机制，提升基层政府重视程度

我国的行政体制下，行政指令层层下达，千线过一针，基层政府工作繁杂，事务性工作应接不暇，要把防灾减灾工作摆到基层政府主要领导的重要工作议题上，必须理顺体制机制。

建立以"防"为主、以"防住"为优的考评机制，在灾情普查和调查基础上，结合历史灾害情况建立分类考评标准，超过标准给予行政奖励。

重视能力提升，不搞形式主义。在规范动作考评中注重效果。

提升专业预测预警能力，提高预报准确性，力避"狼来了"式预警，做领导决策的好参谋。

（二）责任分配

社会治理就是避免出现问题后相互推诿的深层机理，需要对责任进行细分，量化和细化工作责任。

1. 加快推出山洪灾害损失和项目收益测算标准方法

当前，对山洪灾害损失的测算还没有形成规范性意见。造成山洪灾害危害极大，但灾害损失只是洪涝灾害中一个小比例的尴尬现状。正确评估灾害损失，才能提升全社会对这一问题的重视程度。

根据调研，提出平方公里 GDP 折算山洪灾害损失法。估算全国平方公里 GDP，如 2014 年全国 GDP 63.6 万亿元，则每平方公里 GDP 产出为 6.625 万元，不同类型地区的土地价值不同，产出不同，做出不同类型 GDP 产出调整系数。根据暴雨成灾面积估算产出受影响比例，如农业、工业、基础设施受灾损失不同，可以设计不同比例。其中基础设施应该重置成本计价，产业损失按照市场成本＋折旧计价。

项目收益测算包括两大部分，第一部分是减少人员伤亡，标准是五年人员伤亡移动加权平均数，表示能力改进，加上意外灾害调整系数。第二部分是经济收益，包括基础设施保护、产业损失建设和社会保障补贴未发生等合计估算。

加快推出山洪灾害损失和项目收益测算标准方法便于考核工作进度和项

目收益，方法简单，容易形成社会共识。

2. 夯实基层组织防灾能力，建立"三位一体"的工作模式

理念和工作目标要有新定位。承接"十二五"工作成绩和基础，全民动员从宣传演练开始，不能止步于"明白卡"，从避险意识提升到防灾知识获得和减灾能力形成，做到知行合一。

组织及项目管理要提升效率。从"十二五"开始，各地都已经摸索出一套防灾组织和项目管理的经验，国家层面进一步强化了项目的建设标准和规范，"十三五"时期应更注重管理效率的提升，向管理要产出，通过提升效率和对接基层常规工作，使山洪灾害群测群防工作成为基层政府和群众组织的一个基本工作内容和行为习惯。

切实保障项目经费，特别是安排一定的运行维护费及汛期群众组织工作人员的补贴，完善项目可持续运行机制。

（三）风险补偿

整合自然灾害类型，研究建立重大自然灾害保险体制。目前，保险公司已在 20 多个省份和地方政府试点了各具特色的灾害保险模式，取得一定经验，发挥了社会保险作用，减轻了政府负担。但水利部门和地方尝试的洪水灾害保险不成功，因为面源太小。就目前来看，随着风险加大，城市也成为重灾区，而随着人口流动的加快，也需要提供更充分的保险产品来分散风险，因此整合自然灾害类型，研究建立重大自然灾害保险体制正当其时。

第二章
多角度认知社会治理

治理理念是 20 世纪 60 年代国际合作中提出的，一般在全球治理领域使用。社会治理概念是中国学者提出的。社会治理概念虽新，但其实践源远流长，凝聚社会共识，形成强大社会合力是它的目标，维护社会公平正义价值和稳定是底线，保持社会秩序与活力是社会治理永恒不变的主题。但不同历史时期、不同发展阶段、不同制度环境下社会治理面临的问题差异极大，治理工具和路径也有本质差异。本章从理论、实践、历史等多个维度对社会治理的内涵、社会治理模式演变和社会治理绩效评价进行了深入探讨，目的是建立一个能进行政策实践对话的基本共识点。

第一节　社会治理概念：从学术范畴到政策范畴

社会治理概念是中国独有的，但社会治理实践由来已久。社会治理概念最早由国内学者提出，经过近 20 年的学术建构，形成了一套话语体系，2014 年社会治理成为国家治理的一个组成部分，完成了从学术概念到政策实践的飞跃，其中作为学术研究的社会治理和作为政策实践的社会治理领域有什么相同和不同呢？本节通过文本研究，对这个问题进行比较分析，揭示一个话语从学术概念走向执政理念的内涵、内容、目标、实施路径的变化及研究的关注点变化，提醒政策制定者和学者关注差异的存在，只有建构基本一致的社会治理内涵、内容和目标，政治精英和学术精英才有深度对话的前提和可能，建立在对话基础上的社会治理才能形成逻辑同构，因此概念内涵非常重要，摆脱各说各话、自圆其说，是壮大社会治理中国力量的起点。

一 社会治理文献综述

在中国知网数据库，检索到的最早关于社会治理的文献是 1994 年萧伯符发表的《论语与中国社会治理模式探讨》一文，他提出中国古代社会有三种典型的社会治理模式，以法家的法治、道家的无为而治以及儒家的德主刑辅的综合治理模式最典型，其实萧伯符说的社会治理等同于国家治理，是大治理的概念。

截至 2019 年 5 月底，知网共收录超过 2 万篇社会治理相关研究文章，这些研究跨度从 1994 年到 2019 年，发表的高峰是 2014 年到 2018 年，占发表文章总数的 84%。核心期刊收录了 4255 篇社会治理主题研究文章，其中引用超过 100 次的文章共 40 篇，对文献中的要点进行综述，并进行比较研究如下。

（一）早期社会治理研究的一个样本——张康之说了什么

从文献引用率看，张康之对社会治理问题进行了持续的、有很高学术认同率的研究。因此，在文献综述中区分了张康之的社会治理研究和其他学者的研究。从张康之的研究中可以看出来一个典型的学者的研究思路，确定领域、纵横捭阖、持续跟进，美中不足的是和实践关联度略低。

1. 社会治理是社会建构的重要组成部分，不同治理模式均有历史合理性

张康之把社会治理和国家治理视为同一概念，因此社会治理的主体是政府是确定的。

（1）对历史上各种社会治理模式的研究

张康之认为，社会治理先后出现三种模式，即统治型社会治理模式、管理型社会治理模式、服务型社会治理模式。农业社会的社会治理属于统治型的，强调秩序价值；工业社会以无处不在的政府管理为基本特征，强调公平和效率价值；后工业社会，服务型社会治理模式出现了，它以社会自治为典型特征，在社会自治体系中，治理主体与治理客体之间会经常性的易位，每一个人都是服务者，同时也都是服务的接受者，是一种"人人为人人服务"的制度规范体系，是对传统社会治理的超越，是人类社会治理方式发展的一个较高的历史阶段。

（2）对东西方治理模式的反思

东西方社会治理体制都有片面性。西方治理以现代官僚制为主体，进行了权力的结构性分配和功能性分配，有优势也产生新的问题。张康之认为西方的现代官僚制度是理性传统与现代化大生产相结合的产物，它的优势是目标明确、基于客观理性，克服了人制和专制的随意性和不稳定性，官僚制对行政权力进行了新的配置：一是结构性分配，根据行政权力的层次不同而对其所进行的纵向垂直性划分，形成了结构性权力，使行政主体呈现等级差别；二是功能性分配，即根据行政权力作用客体的不同和承担任务的不同而对行政权力所进行的横向水平性分割①，使行政主体呈现专业差别。官僚体制本质上是静态权力结构，它的良性运转靠制度的严密性，行政人员只需要坚守岗位责任即可，造成形式主义和官僚主义。

中国 2000 多年的封建社会也形成了一套有文化特色的治理机制，即中央集权下分层管理的"世袭官僚制"和"科举官僚制"，并发展出一套严密的组织机构和治理制度。其合理成分是通过人的道德自律而实现对"官"的岗位责任的超越。张康之认为，任何责任都是建立在信念的基础上的，只有产生某种信念，人们才会产生相应的责任意识。在行动场域中信念和责任是可以统一的，主张建立兼容东西方的责任和信念统一的新治理体制。

2. 社会治理不同机制的特征

（1）社会治理中的社会自治机制

社会自治机制是一个合作机制，只有当人类在工业化的过程中积聚起必

---

① 陈新：《行政执法权研究综述》，《中共云南省委党校学报》2012 年第 7 期。

要的物质财富之后，才有可能发生。走向社会自治是一个自然过程，也可以是在政府或其他政治部门积极推动下发生的社会运动，社会自治必然引起政府职能转变和规模缩小。

社会的高复杂性是自治产生的土壤。在后工业化的过程中，社会的复杂性程度大大地提高，政府统管社会的治理方式已不可行。从这一现实出发，社会需要建构一种合作治理模式，一种全新的处理人际关系、族际关系和国际关系的技巧，需要建构起全新的组织去凝聚、调动和安排全体社会成员。

（2）后工业社会的合作治理

托克维尔说过："一个中央政府，不管它如何精明强干，也不能明察秋毫，不能依靠自己去了解一个大国生活的一切细节。它办不到这一点，因为这样的工作超过了人力之所及。当它要独力创造那么多发条并使它们发动的时候，其结果不是很不完美，就是徒劳无益地消耗自己的精力。"

张康之认为，从公共利益的原点上出发去思考社会治理的问题，就会合乎逻辑地得出结论，包括政府和一切社会自治性力量在内的公共组织，都应当是服务于公共利益，在维护和增进公共利益的共同目标下，它们应当开展广泛的合作，共同构建合作治理的模式。

多元共存的社会将是一个网络化的结构，这种社会网络结构完全打破了传统社会的线性决定模式。就人的主体性而言，以往的社会结构只能比喻成"蚕茧"，而合作治理赖以生成的社会网络结构则可比喻成"蛛网"。

3. 创新社会治理的方向是合作治理

创新社会治理。社会治理创新是与服务型政府建设联系在一起的，既要通过服务型政府建设创新社会治理，也要在社会治理创新中促进服务型政府建设。在新型社会体制建立的过程中，社会治理创新是重心和突破口，需要适应社会治理主体多元化的现实要求，从政府垄断社会管理转变为与其他社会治理力量合作治理。最为重要的是打破政府本位主义，确立起"他在性"的原则，根除行政傲慢。

（二）2013年底前其他学者对社会治理的研究

1. 西方国家创新社会治理的做法

（1）西方学者对社会治理内涵的理解

西方强调社会治理的前提是参与、自主和合作。具体地说，突破政府是社会管理唯一主体的传统观点，呼吁社会各方参与，共同承担责任。从行动主体上追求协调、可持续的社会发展模式。批评了过分追求 3E（经济性、效率和效能）的做法，强调正义、公平、代表制、公民参与，政府与市场和公众之间关系基本定位的变化，体现了追求和谐社会的管理理念。①

西方强调制度化、法律化、系统化的思路。制度被分为基本规则（宪法）、操作规则（法律、规章、社团和合同）、行为准则等三大类。

（2）西方国家社会治理机制有三个创新②

利益吸纳机制，通过多种形式广泛吸收民意。包括公开听证、咨询委员会、民意调查、全民公决、大众传媒、民众自动直接表达利益、选举、政党、利益集团等途径，实现了广泛的参与和动员，这些措施不但解决了如何聚民意、疏民怨、避免冲突发生，还有效地避免了社会治理中利益分配的失衡、社会阶层间的对立与断裂，是有效的社会治理的事前防范机制。

协同治理机制，协作的维度是广泛的。协作既可以发生在组织内部或者跨组织间，也可以是部门内部或者跨部门的；协作既可以发生于志同道合或同质的伙伴间，又可以出现在多样化的合作伙伴间；协作既可以发生于具有共享目标的群体间，又可以出现在不同的目标群体间；同时协作自愿也可以在紧急情况下强制展开。

风险控制机制，不同国家有各具特色的风控体系，风险控制机制是社会治理过程的应急环节，旨在解决问题产生后如何控制和解决的问题，是社会治理的事后控制机制。

---

① 孙晓莉：《西方国家政府社会治理的理念及其启示》，《社会科学研究》2005 年第 2 期。
② 周晓丽、党秀云：《西方国家的社会治理：机制、理念及其启示》，《南京社会科学》2013 年第 10 期。

2. 国内学者对社会治理问题和挑战的判断

21 世纪初，社会风险逐渐累积。学者们判断，我国发展进程步入社会矛盾频发、社会问题集中的高风险时代。主要挑战包括：①社会结构发生巨大分化和重组的同时，政府社会管理方式没有实现相应的转变；②社会治理结构尚未得到调整和优化，共建共治和谐社会的合力不强；③重经济发展轻社会建设，公共服务短缺低效，公共服务体系整体呈现"总体水平偏低、发展不平衡、效率低水平趋同"的基本特征。[①]

中国社会治理最大的挑战是中国社会管理体制和需求脱节，主要表现为①社会管理理念滞后，官僚化思维根深蒂固。"以人为本"和"社会公正"理念并未贯彻落实，政府对社会事务管理的"重管制轻服务"长期存在。②社会管理主体极化。政府机关独当一面却能力不够，社会组织弱不禁风却有行政化倾向。③社会管理方式多运动式、行政手段和强制方式。[②]

3. 对社会治理体制的认识

社会巨变要求社会治理做出适应性改变。社会巨变主要体现在六个方面：①从整体社会向多元社会转变。在经济领域体现为非国有法人以及在非国有经济单位中就业人口的迅速增加，在社会领域体现为各种新兴社会组织的出现和主体意识的增强。②从统一控制型社会向自主决策型社会转变。随着市场力量的发展以及政治力量的退让，社会多元化特征日益明显。③从分割的蜂窝社会向流动的网络社会转变。④从生产的社会向消费的社会转变。⑤从国家财富的社会向个人财富的社会转变。国家、集体和个人成为社会的三大基本财富所有者。⑥从经济不断增长型社会向可持续发展型社会转变。[③]

多元社会治理模式。多元社会治理的内涵是主体多元、手段复合，需要

---

① 肖文涛：《社会治理创新：面临挑战与政策选择》，《中国行政管理》2007 年第 10 期。
② 麻宝斌、任晓春：《从社会管理到社会治理：挑战与变革》，《学习与探索》2011 年第 3 期。
③ 杨雪冬：《走向社会权利导向的社会管理体制》，《华中师范大学学报》（人文社会科学版）2010 年第 1 期。

价值理性和工具理性双重突破：第一，价值理性的弘扬有助于强化各种社会主体的责任机制；第二，工具理性的拓展则有助于从整体上提升社会总效率。

多元社会治理模式有三个特点：①以法治为基础、国际社会提出的构成"善治"的九个特征，即参与性、协商性、责任性、透明性、回应性、有效性、公正性、包容性以及合法性，几乎都与法治精神相契合，以协商、参与机制为基础。②多元社会治理模式的成效受多种环境条件的制约。众多环境条件包括市场发育程度、有关社会组织的法律法规、民间资本的规模、绩效评估机制以及监管机构和监管机制等。③多元社会治理模式的实现路径具有动态、权变的特点。多元社会治理主体之间是相互协作的关系，追求公共责任的实现。①

从政府本位到社会本位。公共管理的基本特质体现为公共性、社会性、管理性。"只有政府、只能政府才能管理，只有政府、只能政府才能管理好"的政府本位理念，并不能为公共管理的公共性和社会性提供一个切实的保障，也无法真正促成高效的管理。②

重构政府和社会组织关系，建立政府与民间组织的互动合作关系和协调机制，促进政府职能的转变，提高社会公共服务的能力，优化民间组织的发展环境，成长为与政府和企业共同支撑经济社会生活的第三种力量。③

4. 网格化社会管理创新

网格化管理是城市治理中由"总体支配"到"技术治理"的结构性转换。作为一种新的社会治理技术，网格化治理模式在其初起阶段（2000 年前后）主要以数字城市发展为目标，以整合资源、沟通信息、强化服务为内容，主要关注的是在技术、资源及公共服务之间建立起嵌合关系，更强调数字技术服务平台的建立。到 2005 年后，网格化突破了一般性的管理和服

---

① 孙晓莉：《多元社会治理模式探析》，《理论导刊》2005 年第 5 期。
② 陈庆云、鄞益奋、曾军荣、刘小康：《公共管理理念的跨越：从政府本位到社会本位》，《中国行管理》2005 年第 4 期。
③ 王建军：《论政府与民间组织关系的重构》，《中国行政管理》2007 年第 6 期。

务的范畴，从基层社区管理服务中遇到的矛盾出发，在街道层面，突破了条块分割的管理体制，理顺了社区与行政部门的管理职能，同时"多元主体"参与的管理在城市网格空间得到全面展现。网格空间中不同性质的"多元行动主体"间交互作用打通了城市管理纵向运行的障碍和通道，导致基层社会中国家—社会关系的重大变动。从积极的角度看，网格化平台为政府与社区自治组织提供了"联结点"，营造了两种力量交互作用的空间，形成了"官民共治"的格局。①

网格化社会管理创新主要体现在四个方面：①提升服务管理精细化水平。通过数据库、图库整合，将各类问题和情况的细节、全部管理和服务主体对应。②推动部门之间协同联动。"块"的统筹作用和"条"的专业功能有机结合，责任清晰，提高了解决和处置问题的能力。③信息共建共享。有效解决了"情况不明"和"信息孤岛"问题。④为社会力量广泛参与搭建了平台。网格化服务管理，将问题解决在基层，把矛盾化解在萌芽状态，有助于奠定社会和谐稳定的基础。②

（三）2014年及以后的研究进展

1. 国家治理、政府治理、社会治理、治理现代化内涵

国家治理是全方位的制度安排、战略制定。习近平总书记指出："国家治理体系是在党领导下管理国家的制度体系，包括经济、政治、文化、社会、生态文明和党的建设等各领域体制机制、法律法规安排，也就是一整套紧密相连、相互协调的国家制度。"简言之，国家治理体系是保障五位一体国家发展战略落地的系统性法律、制度、体制、机制安排。国家治理包括制度设计和制度落地的全过程。与中国传统和西方文化中的"治理"不同，主要是国家发展方向、内政外交等战略层面安排，包括党、政、军、群在国家中的地位、权利、义务等。

政府治理指政府行政系统作为治理主体，对社会公共事务的治理。就其

---

① 田毅鹏：《城市社会管理网格化模式的定位及其未来》，《学习与探索》2012 年第 2 期。
② 王名、杨丽：《北京市网格化服务管理模式研究》，《中国行政管理》2012 年第 2 期。

治理对象和基本内容而言，其包含着政府对于自身、对于市场及对于社会实施的公共管理活动。

"社会治理"强调多元主体针对社会领域协同共建共治共享的活动。十八届三中全会发布的《中共中央关于全面深化改革若干重大问题的决定》指出：我国的社会治理主要关节点在于"四个坚持"，即"坚持系统治理，加强党委领导，发挥政府主导作用，鼓励和支持社会各方面参与，实现政府治理和社会自我调节、居民自治良性互动。坚持依法治理，加强法治保障，运用法治思维和法治方式化解社会矛盾。坚持综合治理，强化道德约束，规范社会行为，调节利益关系，协调社会关系，解决社会问题。坚持源头治理，标本兼治、重在治本，以网格化管理、社会化服务为方向，健全基层综合服务管理平台，及时反映和协调人民群众各方面各层次利益诉求"。由此体现了社会治理中党和政府的公共权力与社会组织和公民权利之间的协调合作与和谐平衡。

国家治理体系和治理能力现代化。习近平总书记有过三次集中论述。2014 年习近平总书记强调法治和改革，他说，法治与改革犹如车之两轮、鸟之双翼，是实现国家治理体系和治理能力现代化密不可分的两个过程，共同发力为实现"两个一百年"奋斗目标奠定坚实基础。2017 年他强调要运用大数据提升国家治理现代化水平。建立健全大数据辅助科学决策和社会治理的机制，推进政府管理和社会治理模式创新[①]，构建全国信息资源共享体系，实现跨层级、跨地域、跨系统、跨部门、跨业务的协同管理和服务。[②]要充分利用大数据平台，综合分析风险因素，提高对风险因素的感知、预测、防范能力。2019 年他提出要推进社会治理现代化，坚持和发展"枫桥经验"，健全平安建设社会协同机制，从源头上提升维护社会稳定的能力和水平。[③]综合来看，国家治理体系和治理能力现代化强调的是法治、机制创

---

① 王海军、王卫国：《内容智库化　传播智能化：以大数据为抓手促进都市报融合转型》，《中国记者》2018 年第 12 期。

② 谭玉珊、罗威：《以智能技术推动军事科技信息创新发展》，《情报理论与实践》2018 年第 10 期。

③ 张洋：《习近平：提高防控能力着力防范化解重大风险　保持经济持续健康发展社会大局稳定》，《交通财会》2019 年第 1 期。

新、风险控制等的综合水平。

2. 我国社会治理特征与实践成效

我国社会治理创新有明显的阶段性特征。具体划分为十一届三中全会到十四大之前的"社会管控"阶段（1978～1992 年）、党的十四大到党的十八大召开的"社会管理"阶段（1992～2012 年）、党的十八大召开至今的"社会治理"阶段（2012 年至今）。不同历史时期社会治理主体、方式、面临的主要问题和思路各有侧重。社会治理虽然呈现明显的阶段性特征，但政府始终发挥着主导作用，形成了以党的领导为主轴，国家、基层和社会三圈交互创新、叠浪推进、共建共治共享的社会治理新格局。

中国社会治理 40 年成效史无前例。[①] 从宏观视角看，成功构建了新时代的社会整合机制，为经济发展提供了基础性的社会支持。在中观层面，克服了诸多全球性治理瓶颈，保持社会力量快速壮大的同时，政社有序互动，形成了有序与活力的新平衡。在宏观与微观联动上，实现了国家治理体系整体化与地方治理创新活力的新平衡。中国治理经验弥足珍贵。首先，国家层面精细化治理结构分工明确，形成以党的领导为核心、发挥政府主导作用、鼓励和支持社会各方面参与的"一轴多元"治理结构，明确了党组织在各种改革权衡和重大风险控制中的主导地位，也明确了社会多方力量参与治理的制度性空间。其次，基层实践自下而上，影响决策并得到快速复制推广，推动基层整体社会治理能力提升，形成了不同时期的"上海模式"、"江汉模式"、"沈阳模式"和"枫桥经验"。最后，技术赋能时代特色突出。大数据、智能化、移动互联、云计算为社会治理创新提供了有力的技术支撑，使开放式治理、流动性治理、精准化治理、协同化治理理念和模式得以实践、试验。

中国社会治理创新实践超越经典的三种社会治理理论分析范式，呈现特殊性和复杂性，呼唤新的理论思维和整体性解释。中国经济改革市场化带来的效率革命、全面开放嵌入全球化形成的压力和倒逼机制，以及中国国情复杂各领域之间、区域之间、社会群体之间的发展不协调、不平衡，大量累积

---

① 李友梅：《当代中国社会治理转型的经验逻辑》，《中国社会科学》2018 年第 11 期。

问题在短时间集中爆发使经典的国家—社会关系范式、理性化与现代化范式，以及全球化与世界体系范式缺乏解释力。

3. 社会治理现代化有关研究

（1）社会治理现代化内涵、标准或标志的研究

与经济现代化相对应的社会现代化是当代中国共产党人的一大理论创新。关于其内涵或衡量标准，学者们从制度、理论、实践、法治和价值观等多视角进行了探讨。

从制度建设层面看，社会治理现代化包括社会治理体系现代化和治理能力现代化两个方面，社会治理体系和治理能力是一个有机整体，相辅相成，有了科学的社会治理体系才能孕育高水平的治理能力，不断提高社会治理能力才能充分发挥社会治理体系的效能，不断健全完善社会治理体系；从实践角度看，社会治理实现现代化的标志是社会既充满活力又和谐有序，公共决策机制是社会治理体系的组成部分，在社会治理现代化的语境下，公众广泛参与公共决策，有助于培养其社会参与意识和能力，塑造公共精神，提高决策质量，实现社会善治的目标；而从理论角度看，社会治理实现现代化的标志则是社会结构实现现代化，治理现代化的标志是有为的政府、有效的市场、有机的社会；从法治层面分析，良法善治是社会治理现代化的衡量标准；从价值观层面看，一个健康有序的现代国家必然是在具有自身精神标识的价值引领下开启现代化征程的，软实力的支撑构成国家治理现代化所必需的逻辑前提。软实力的竞争说到底是价值观的较量。核心价值体系既对国家治理体系及治理能力的现代化具有导向和引导功能、凝聚和整合功能、激励和促动功能，本身也是国家治理体系的重要组成部分和中国治理能力的特殊优势。

（2）社会治理主体及社会治理模式研究

传统的社会治理，通常是政府和非政府组织及社会组织的关系问题。作为传统意义上的治理主体，在中国政府与非政府组织的长期合作关系中，政府依然起着主导性作用。从长远来看，随着中国经济社会环境的变化，政府关于非政府组织的价值观也会发生转变，非政府组织会在更广泛领域与政府产生互动。而治理现代化要求我们把经济社会统筹起来考量，正确处理政府、市场和社会的关系，不是简单地向市场放权、向社会放权，也不是简单地加强政府责任，而是使三者相得益彰。① 有为的政府、有效的市场、有机的社会，这三者是不可分割的整体。社会资本视角从传统国家管理向现代国家治理体系和治理能力方向转型，要求从国家单方面支配社会，过渡到国家和社会的有效互动。治理理论下的国家治理倡导治理主体的多元化，其中社会组织参与国家治理，可使其发挥重要作用。运用社会资本理论从信任、互惠和网络关系方面构筑新型政社关系，以此了解社会组织发展中社会资本整合的困境，探索社会组织发展路径，完善社会治理体系，提升社会协同治理能力。

社会治理由管理型治理模式向现代化治理模式过渡，在传统的管理型治理模式下，在中央与地方、国家与社会两个维度的国家治理经验方面，可分别归纳为"代理型地方发展主义模式"和"运动式治理模式"，前者主要是中央政府"做对了激励"；后者主要是各级政府普遍使用"地方国家统合主义"的做法。代理型地方发展主义模式将中央与地方实践性分权的动态博弈过程回归法理型权威治理和制度化分权的轨道上来，赋予地方治理大胆实践创新的空间与能力；在国家与社会双向互动关系中改变地方性的政府统合主义途径，激发体制改革红利，释放社会潜力与活力，实现赋权增能双赢发展。运动式治理模式出场于环保治污行动，立基于对国内某些重大的突发性事件或一些影响恶劣、积重难返的社会问题进行专项治理的迅疾治理过程，主要目的是维护社会稳定、树立政府形象和建构国家权威。运动式治理悖论存在"决策经验主义"和"结果不确定性"两大基本内涵，具有四个基本特征：领导小组行使的政治权力凌驾于政府行政权力之上且常常混合不分；政治主体权力扩张与政治机体需求自主之间存在不同的运行轨迹；多部门协同联动工作机制需要通过长时间的磨合才能产

---

① 李玲、江宇：《有为政府、有效市场、有机社会——中国道路与国家治理现代化》，《经济导刊》2014 年第 4 期。

生整体共赢的效果；以数据展示行动的有效性和常态化并不意味着一种可持续的常态治理机制的建立。学界在经过缘起和利弊分析后，普遍对其持某种批评和否定态度，认为实行执政思维、治理范式和制度选择方面的转型与创新才是可行的道路与方向。

（3）社会治理现代化的重点任务和路径

社会结构视角下的社会治理现代化，其社会结构问题主要来自财富配置结构、人口结构、阶层结构、组织结构和社会心理结构等层面的挑战，因此实现社会治理现代化需要着力消解利益固化，在中产化进程中积极引导社会中层，并在此基础上完善以促进阶层和谐为核心的社会政策体系建设。从治理体系视角看，推进国家治理现代化的途径是政府、市场和社会新型协同互动。由政府、市场和社会三者的协同和互动构成的中层子系统在其中起着关键作用，它既传递和体现着顶层核心子系统的功能，又支撑和促进着底层保障层子系统的生成。要不失时机地推进国家治理体系和治理能力的现代化，就需要围绕市场配置资源的决定地位来重塑政府与市场关系，需要围绕多元治理的结构重理政府与社会的关系，需要围绕企业的社会责任重建企业与社会的关系。从法治层面观察，当前我国正处于改革的攻坚期和深水区，社会矛盾积聚，不稳定风险增加，迫切需要推进社会治理现代化。从依法而治走向良法善治，是法治中国建设与和谐社会建设的必然要求，也是推进社会治理现代化的重要路径。从价值观层面看，加快社会主义核心价值体系培育，对国家治理体系的完善和治理能力的提升发挥了积极作用。其作为国家意识形态的核心要素，必须通过广泛的舆论宣传、浓厚的文化熏陶和有效的实践养成等，才能使社会主义核心价值观内化为人们的精神信念。

（4）国际经验借鉴和历史考察

英国政府对社会事业从"无为而治"到"有限管理"，再到"全面介入"和"调整完善"，走过了百年历程，形成了较成熟的社会治理体系，其主要经验包括：始终坚持政府对社会治理的主体作用，将"保基本、保公平"作为处理公平和效率关系的首要原则，鼓励社会多元参与、合作共治，重视立法先行，坚持科学、民主决策等。欧洲语境下的社会质量理论秉持社会正义、团结、平等及人的尊严等基本价值观，中国的国家治理现代化以促进社会公平正义、增进人民福祉为旨归。基于二者间产生背景、价值追求与整体主张的三重契合，从社会质量理论角度切入国家治理现代化的路向研究，借助社会经济保障、社会包容、社会凝聚、社会赋权的价值理性与工具理性，探索国家治理现代化的科学理性、民主特征、价值品质与法治思维，并界定其标准、内容及实现方式，具有学术研究与社会实践的双重意义。

历史考察以中国近代以来社会变革过程为视角，对国家治理体系和治理能力现代化进行历史考察，认为其发展轨迹可以概括为三个阶段，即国家治理体系和治理能力现代化的迷惘阶段、国家治理体系和治理能力现代化的初步探索阶段、国家治理体系和治理能力现代化的变革阶段。

二　社会治理作为公共政策——习近平总书记的相关阐述

党的十八届三中全会报告《中共中央关于全面深化改革若干重大问题的决定》中，首次提到了国家治理体系和治理能力现代化。2014年2月17日，习近平总书记在《在省部级主要领导干部学习贯彻十八届三中全会精神全面深化改革专题研讨班上的讲话》中指出："三中全会提出的全面深化改革的总目标，就是完善和发展中国特色社会主义制度、推进国家治理体系和治理能力现代化。我们讲过很多现代化，包括农业现代化、工业现代化、科技现代化、国防现代化等，国家治理体系和治理能力现代化是第一次讲。深刻理解和准确把握这个总目标，是贯彻落实各项改革举措的关键。"此后他在中央政治局集体学习谈话里、基层调研和署名文章中多次谈到社会治理，概括起来习近平关于社会治理的重要论述包括五个重要方面。

（一）社会治理的体系

1. 社会治理体系与国家治理体系的关系

国家治理是系统完备的制度体系，社会治理是其中一个重要领域。社会治理要服务于国家发展，社会治理是国家治理体系的重要组成部分。"国家治理体系是更完备、更稳定、更管用的制度体系。"习近平总书记说："需要有管总的目标，也要回答推进各领域改革最终是为了什么、要取得什么样的整体效果这个问题，克服制度化碎片，要形成总体效应和总体效果，同时能与各领域改革和改进进行联动和集成。"习近平总书记这段话对社会治理定位和目标的确立是非常重要的。一直以来就有大社会和小社会之分，大社会包含经济社会生活的方方面面，和经济、政治、文化等领域存在紧密的嵌套关系，在治理边界上不容易区分，所以我们通常用小社会概念，把社会治理主要等同于社会问题化解、社会治安维稳、社会力量动员参与等。在工作维度把社会治理定位为小社会造成社会政策的碎片化。习近平总书记对全球化、科技化、网络化有深刻地认知，科技、通信、交通、网络、全球化领域的迅速进步，拉近了全世界人的联结距离，世界是平的，社会是一体的。社会治理需要和国家治理融为一体。

2. 国家治理体系具有内生性

一个国家选择什么样的治理体系，是由这个国家的历史传承文化、经济社会发展水平决定的。国家和社会治理体系具有内生性。

3. 社会治理是我们比较成熟的经验总结

治理和管理一字之差，体现的是系统治理、依法治理、源头治理、综合施策，① 是在实践中总结提升的成熟的经验和做法。

4. 治理能力就是制度执行能力

习近平总书记说，小智治事，中智治人，大智立法。治理一个国家、一个社会，关键是要立规矩、讲规矩、守规矩。法律是治国理政最大最重要的规矩。推进国家治理体系和治理能力现代化，必须坚持依法治国，为党和国家事业发展提供根本性、全局性、长期性的制度保障。

（二）社会治理目标

在谈到社会治理目标时，习近平总书记说，一个好的社会，既要充满活力，又要和谐有序。社会治理是一门科学，管得太死，一潭死水不行；管得太松，波涛汹涌也不行。要讲究辩证法，处理好活力和秩序的关系。②

---

① 闻言：《坚持以人民为中心的发展思想　努力让人民过上更加美好生活》，《人民日报》2017 年 10 月 11 日。
② 《习近平关于全面建成小康社会论述摘编》。

社会治理要坚持以人民为中心，要坚持中国特色社会主义道路不动摇，坚持解放和发展社会生产力不动摇，坚持以人民为中心的发展思想不动摇，坚持实现共享发展不动摇，在推动发展中不断提高人民生活水平，努力扩大中等收入群体，让人民群众有更多获得感，更好地体现和发挥我们的制度优势。

1. 以人民为中心是我们党的行动指南

全心全意为人民服务，是我们党一切行动的根本出发点和落脚点，是我们党区别于其他一切政党的根本标志。党的一切工作，必须以最广大人民根本利益为最高标准。检验我们一切工作的成效，最终都要看人民是否真正得到了实惠，人民生活是否真正得到了改善，人民权益是否真正得到了保障。面对人民过上更好生活的新期待，我们不能有丝毫自满和懈怠，必须再接再厉，使发展成果更多更公平惠及全体人民，朝着共同富裕方向稳步前进。①"天视自我民视，天听自我民听。"要坚持把实现好、维护好、发展好最广大人民根本利益作为一切工作的出发点和落脚点，我们的重大工作和重大决策必须识民情、接地气。要以人民群众利益为重、以人民群众期盼为念，真诚倾听群众呼声，真实反映群众愿望，真情关心群众疾苦。要坚持工作重心下移，深入实际、深入基层、深入群众，做到知民情、解民忧、纾民怨、暖民心，多干让人民满意的好事实事，充分调动人民群众的积极性、主动性、创造性。②

2. 以人民为中心的发展理念

以人民为中心的发展思想，不是一个抽象的、玄奥的概念，不能只停留在口头上、止步于思想环节，而要体现在经济社会发展各个环节。要坚持人民主体地位，顺应人民群众对美好生活的向往，不断实现好、维护好、发展好最广大人民根本利益，做到发展为了人民、发展依靠人民、发展成果由人民共享。要通过深化改革、创新驱动，提高经济发展质量和效益，生产出更多更好的物质精神产品，不断满足人民日益增长的物质文化需要。要全面调

---

① 《习近平：人民对美好生活的向往就是我们的奋斗目标》，《社会与公益》2018 年 4 月 10 日。

② 《在庆祝中国人民政治协商会议成立六十五周年大会上的讲话》（2014 年 9 月 21 日），《十八大以来重要文献选编》（中）。

动人的积极性、主动性、创造性，为各行业各方面的劳动者、企业家、创新人才、各级干部创造发挥作用的舞台和环境。要坚持社会主义基本经济制度和分配制度，调整收入分配格局，完善以税收、社会保障、转移支付等为主要手段的再分配调节机制，维护社会公平正义，解决好收入差距问题，使发展成果更多更公平惠及全体人民。①

全面建成小康社会，不是一个"数字游戏"或"速度游戏"，而是一个实实在在的目标。在保持经济增长的同时，更重要的是落实以人民为中心的发展思想，想群众之所想、急群众之所急、解群众之所困，在学有所教、劳有所得、病有所医、老有所养、住有所居上持续取得新进展。人民群众关心的问题是什么？是食品安不安全、暖气热不热、雾霾能不能少一点、河湖能不能清一点、垃圾焚烧能不能不有损健康、养老服务顺不顺心、能不能租得起或买得起住房，等等。相对于增长速度高一点还是低一点，这些问题更受人民群众关注。如果只实现了增长目标，而解决好人民群众普遍关心的突出问题没有进展，即使到时候我们宣布全面建成了小康社会，人民群众也不会认同。②

3. 保障和改善民生没有终点

保障和改善民生是一项长期工作，没有终点站，只有连续不断的新起点，要实现经济发展和民生改善良性循环。③

4. 保障和改善民生要重视制度建设

要继续按照守住底线、突出重点、完善制度、引导舆论的思路，统筹教育、就业、收入分配、社会保障、医药卫生、住房、食品安全、安全生产等各方面，切实做好改善民生各项工作。要根据经济发展和财力状况逐步提高人民生活水平，政府主要是保基本，不要做过多过高的承诺，多做雪中送炭的重点民生工作，引导和鼓励广大群众通过勤劳致富改善生活，政府不能包

① 习近平：《在省部级主要领导干部学习贯彻党的十八届五中全会精神专题研讨班上的讲话》（2016 年 1 月 18 日）。
② 习近平：《在中央财经领导小组第十四次会议上的讲话》（2016 年 12 月 21 日）。
③ 《习近平：人民对美好生活的向往就是我们的奋斗目标》，《社会与公益》2018 年 4 月 10 日。

打天下。要注重制度建设，花钱买制度而不是简单花钱买稳定，着力解决地区差异大、制度碎片化问题。①

5. 群众路线

面向未来，我们必须坚持同人民在一起。人民是历史的创造者。我们要紧紧依靠人民，充分发挥人民主体作用，尊重人民首创精神，为了人民干事创业，依靠人民干事创业。我们要坚持"以百姓心为心"，倾听人民心声，汲取人民智慧，始终把实现好、维护好、发展好最广大人民根本利益作为一切工作的出发点和落脚点，让发展成果更多更公平惠及全体人民。②

习近平总书记强调，全党同志要把人民放在心中最高位置，坚持全心全意为人民服务的根本宗旨，实现好、维护好、发展好最广大人民根本利益，把人民拥护不拥护、赞成不赞成、高兴不高兴、答应不答应作为衡量一切工作得失的根本标准，使我们党始终拥有不竭的力量源泉。③

（三）社会治理工作重点

1. 从问题的源头布局治理

社会中的问题从哪里来？问题会从看不到、想不到的地方突然降临，传统的各扫门前雪的责任制受到挑战。因此要追根溯源，逆流而上。社会治理从问题应对和解决层面要回到社会大众产生问题和解决问题的源头去布局。"为子孙万代计、为长远发展谋。"

2. 社会治理要抓住关键

经济社会发展和民生最突出的矛盾及问题在基层，必须把抓基层打基础作为长远之计和固本之策，丝毫不能放松。要重点加强基层党组织建设，全面提高基层党组织凝聚力和战斗力。要高度关注基层政权组织、经济组织、自治组织、群团组织、社会组织发展变化的特点，加强指导和管理，使各类

---

① 一切，紧紧依靠人民，就能永远立于不败之地。——习近平：《在十八届中央政治局第七次集体学习时的讲话》（2013 年 6 月 25 日）。
② 习近平：《在庆祝中华人民共和国成立六十五周年招待会上的讲话》（2014 年 9 月 30 日），《十八大以来重要文献选编》（中）。
③ 习近平：《在庆祝中国共产党成立九十五周年大会上的讲话》（2016 年 7 月 1 日）。

基层组织按需设置、按职履责、有人办事、有章理事，既种好自留地、管好责任田，又唱好群英会、打好合力牌。①

3. 社会治理要引导预期

社会建设要以共建共享为基本原则，在体制机制、制度政策上系统谋划，从保障和改善民生做起，坚持群众想什么、我们就干什么，既尽力而为又量力而行，多一些雪中送炭，使各项工作都做到愿望和效果相统一。② 市民是城市建设、城市发展的主体。要尊重市民对城市发展决策的知情权、参与权、监督权，鼓励企业和市民通过各种方式参与城市建设、管理。在共建共享过程中，城市政府应该从"划桨人"转变为"掌舵人"，同市场、企业、市民一起管理城市事务、承担社会责任。只有让全体市民共同参与，从房前屋后实事做起，从身边的小事做起，把市民和政府的关系从"你和我"变成"我们"，从"要我做"变为"一起做"，才能真正实现城市共治共管、共建共享。③

4. 社会治理要有针对性

习近平总书记说，社会问题大致可以分为两大类，一类是经济利益类，主要是民生领域、福利待遇、公平公正等，这一类是我们当前的主要工作，经常出现多管齐下、政策重复和冲突现象；还有一类是非物质冲突类，这类社会冲突和矛盾更隐蔽、更持久，对社会公平正义伤害更大，可以简单地说就是三观不合的群体对立和排斥。

具体问题一定要具体分析。当前，各种人民内部矛盾和社会矛盾已经成为影响社会稳定很突出、处理起来很棘手的问题，而其中大量问题是由利益问题引发的。这就要求我们处理好维稳和维权的关系。从人民内部和社会一般意义上说，维权是维稳的基础，维稳的实质是维权。人心安定，社会才能稳定。对涉及维权的维稳问题，首先要把群众合理合法的利益诉

---

① 王保彦、邸晓星：《"互联网＋党建"精准服务群众研究——以天津红桥区"微实事工作室"为例》，《中共天津市委党校学报》2019 年第 3 期。

② 《习近平关于全面建成小康社会论述摘编》。

③ 唐伟尧：《习近平总书记城市治理重要论述研究》，《城市管理与科技》2019 年第 2 期。

求解决好。单纯维稳，不解决利益问题，那是本末倒置，最后也难以稳定下来。①

5. 社会治理的重心在基层

社会治理的重心必须落到城乡社区，社区服务和管理能力强了，社会治理的基础就实了。要深入调研治理体制问题，深化拓展网格化管理，尽可能把资源、服务、管理放到基层，使基层有职有权有物，更好地为群众提供精准有效的服务和管理。②

（四）增强社会治理能力

1. 社会治理是一种政府职能

推进城镇化，还要注意两对关系。一是市场和政府的关系，既坚持使市场在资源配置中起决定性作用，又要更好地发挥政府在创造制度环境、编制发展规划、建设基础设施、提供公共服务、加强社会治理等方面的职能。二是中央和地方关系，中央制定大政方针、确定城镇化总体规划和战略布局，省及省以下地方则从实际出发，贯彻落实总体规划，制定相应规划，创造性开展建设和管理工作。

2. 依法治理最可靠、最稳定

人类社会发展的事实证明，依法治理是最可靠、最稳定的治理。要善于运用法治思维和法治方式进行治理，要强化法治意识，特别是要完善与澳门特别行政区基本法实施相配套的制度和法律体系，夯实依法治澳的制度基础。要努力打造勤政、廉洁、高效、公正的法治政府，做到依法决策、依法施政，使特别行政区发展始终沿着法治轨道展开。要加强公职人员队伍建设和管理，提高依法履职能力。要在全社会弘扬法治精神，共同维护法治秩序，培养造就一大批熟悉澳门特别行政区基本法、具备深厚专业素养的法治人才，为依法治澳提供坚强人才保障。③

---

① 闻言：《坚持以人民为中心的发展思想　努力让人民过上更加美好生活》，《人民日报》2017 年 10 月 11 日。
② 《习近平关于全面建成小康社会论述摘编》。
③ 焦洪昌：《学习习近平关于港澳治理的重要论述》，《人民论坛》2019 年 4 月 5 日。

3. 社会治理核心是人

关键在体制创新，核心是人，只有人与人和谐相处，社会才会安定有序。

培养干部。要着力提高干部素质，把培养一批专家型的城市管理干部作为重要任务，用科学态度、先进理念、专业知识去建设和管理城市。[1]

给人民参与权。在中国社会主义制度下，有事好商量，众人的事情由众人商量，找到全社会意愿和要求的最大公约数，是人民民主的真谛。涉及人民利益的事情，要在人民内部商量好怎么办，不商量或者商量不够，要想把事情办成办好是很难的。我们要坚持有事多商量，遇事多商量，做事多商量，商量得越多越深入越好。涉及全国各族人民利益的事情，要在全体人民和全社会中广泛商量；涉及一个地方人民群众利益的事情，要在这个地方的人民群众中广泛商量；涉及一部分群众利益、特定群众利益的事情，要在这部分群众中广泛商量；涉及基层群众利益的事情，要在基层群众中广泛商量。[2] 在人民内部各方面广泛商量的过程，就是发扬民主、集思广益的过程，就是统一思想、凝聚共识的过程，就是科学决策、民主决策的过程，就是实现人民当家做主的过程。[3] 这样做起来，国家治理和社会治理才能具有深厚基础，也才能凝聚起强大力量，调动全社会活力。

（五）创新社会治理

1. 理念创新、思维创新

创新政府治理理念，强化法治意识和服务意识，寓管理于服务，以服务促管理。

2. 技术工具创新

改进政府治理方式，充分运用现代科技改进社会治理手段，推进社会治理精细化。

3. 工作方法创新

加强源头治理、动态管理、应急处置和标本兼治。健全政府信息发布制

① 《习近平关于全面建成小康社会论述摘编》。
② 卞晋平：《人民政协改革创新发展的 40 年》，《中国政协》2018 年第 12 期。
③ 郭文祥：《习近平"以人民为中心"的思想内涵》，《理论研究》2018 年第 10 期。

度。加强基层政府服务能力建设。建立国家人口基础信息库，加强人口管理、实名登记、信用体系、危机预警干预等制度建设。完善政府社会治理考核问责机制。

三　文本测量和分析

通过文本检索和整理，建立起学术文本原型和政策文本原型，并对二者进行修辞和内涵对比研究，从而厘清作为学术研究的社会治理到作为国家政策重要部分的社会治理的变化，从而建立一个学者和政策制定者的对话平台。

（一）文本原型

1. 学术文本 1.0 和 2.0

以知网高频引用文章为样本，共 34 篇（见表 2-1）。以 2014 年为分界，2014 年以前文本作为学术构建社会治理模型部分，简称为学术 1.0；2014 年以后文本作为政策解读部分——学术 2.0。

表 2-1　社会治理主题高引用率主要文章一览

发表时间	作者	题目	期刊
2014 年第 12 期	王名、蔡志鸿、王春婷	社会共治:多元主体共同治理的实践探索与制度创新	中国行政管理
2014 年第 6 期	王思斌	社会治理结构的进化与社会工作的服务型治理	北京大学学报（哲学社会科学版）
2014 年第 1 期	王思斌	社会工作在创新社会治理体系中的地位和作用——一种基础—服务型社会治理	社会工作
2014 年第 6 期	向德平、苏海	"社会治理"的理论内涵和实践路径	新疆师范大学学报（哲学社会科学版）
2014 年第 5 期	杜飞进	中国现代化的一个全新维度——论国家治理体系和治理能力现代化	社会科学研究
2014 年第 3 期	王浦劬	国家治理、政府治理和社会治理的基本含义及其相互关系辨析	社会学评论
2014 年第 5 期	徐猛	社会治理现代化的科学内涵、价值取向及实现路径	学术探索

续表

发表时间	作者	题目	期刊
2014 年第 4 期	范如国	复杂网络结构范型下的社会治理协同创新	中国社会科学
2014 年第 2 期	姜晓萍	国家治理现代化进程中的社会治理体制创新	中国行政管理
2014 年第 2 期	江必新、李沫	论社会治理创新	新疆师范大学学报（哲学社会科学版）
2014 年第 2 期	张康之	论主体多元化条件下的社会治理	中国人民大学学报
2012 年第 3 期	张康之	合作治理是社会治理变革的归宿	社会科学研究
2010 年第 6 期	张康之、程倩	网络治理理论及其实践	新视野
2008 年第 6 期	张康之	论参与治理、社会自治与合作治理	行政论坛
2006 年第 4 期	张康之	走向合作治理的历史进程	湖南社会科学
2004 年第 1 期	张康之	公共管理：社会治理中的一场革命	北京行政学院学报
2003 年第 9 期	张康之	论新型社会治理模式中的社会自治	南京社会科学
2003 年第 5 期	张康之	社会治理中的价值	国家行政学院学报
2001 年第 3 期	张康之	公共行政中的责任与信念	中国人民大学学报
2004 年第 9 期	刘祖云	历史与逻辑视野中的"服务型政府"——基于张康之教授社会治理模式分析框架的思考	南京社会科学
2013 年第 24 期	李立国	创新社会治理体制	求是
2013 年第 10 期	周晓丽、党秀云	西方国家的社会治理：机制、理念及其启示	南京社会科学
2012 年	刘伟忠	我国地方政府协同治理研究	山东大学
2012 年第 8 期	郁建兴、任泽涛	当代中国社会建设中的协同治理——一个分析框架	学术月刊
2012 年第 2 期	田毅鹏	城市社会管理网格化模式的定位及其未来	学习与探索
2011 年	罗光华	城市基层社会管理模式创新研究	武汉大学
2011 年第 3 期	麻宝斌、任晓春	从社会管理到社会治理：挑战与变革	学习与探索
2010 年第 1 期	杨雪冬	走向社会权利导向的社会管理体制	华中师范大学学报（人文社会科学版）
2007 年第 10 期	肖文涛	社会治理创新：面临挑战与政策选择	中国行政管理
2007 年第 1 期	冯仕政	沉默的大多数：差序格局与环境抗争	中国人民大学学报

发表时间	作者	题目	期刊
2005 年第 5 期	孙晓莉	多元社会治理模式探析	理论导刊
2005 年第 4 期	陈庆云、鄞益奋、曾军荣、刘小康	公共管理理念的跨越：从政府本位到社会本位	中国行政管理
2005 年第 2 期	孙晓莉	西方国家政府社会治理的理念及其启示	社会科学研究
2005 年第 3 期	中国行政管理学会课题组	强化政府社会管理职能　提高政府社会治理能力	中国行政管理

2. 政策文本原型——政策 1.0

2012 年党的十八大报告中首次提出在改善民生和创新社会管理中加强社会建设的重要判断，对社会管理体制、社会管理机制、社会管理工作重点进行了部署。2016 年国民经济和社会发展第十三个五年规划纲要首次对社会治理进行了全部规划，2017 年党的十九大报告 10 次提到社会治理，集中在社会治理格局方面。这三个文件是社会治理重要政策文本。为了全面理解社会治理的重要内涵、内容、面临的重要问题和创新的方向，对人民网习近平重要讲话数据库进行了主题检索，共得到 66 条习近平关于社会治理的论述，一并作为社会治理政策文本原型。

（二）研究方法

以社会治理为关键词，把 40 篇相关文献按照 2014 年为分割线，将其划分为学术 1.0（2014 以前）和学术 2.0（2014 年以后，含 2014 年）文章。此外，收集并整理习近平总书记有关社会治理的重要论述，将其命名为政策 1.0 文章。后续的分词研究围绕上述三类对象开展，如表 2-2 所示。

表 2-2　分词研究对象

类别	解释
学术 1.0	2014 年之前的学术论文
学术 2.0	2014 年（含）之后的学术论文
政策 1.0	习近平总书记有关社会治理的重要论述

在此基础上，利用 Python 软件结巴分词工具包，基于 TF – IDF 算法对上述研究对象进行关键词抽取，并统计词频，得出研究结论如图 2 – 1 至图 2 – 3 所示。其中，TF – IDF 是 Term Frequency – Inverse Document Frequency 的简写，主要用于反映一个词对于语料中某篇文档的重要性。这一算法不仅考虑词语在文档中出现的频率，还考虑了该词语在其他文档中出现的次数。它认为，如果某一词语在一个文档中出现的频率（TF）特别高，且在整个文档集合的其他文档中出现的频率（IDF）低，那么说明这个词语非常关键。应用这一关键词抽取算法能够有效地排除文档中的一些噪声影响，有助于精准发现文档的关键点。

（三）数据

1. 学术 1.0 词云

图 2 – 1　学术 1.0 词云

2. 学术 2.0 词云

图 2 – 2　学术 2.0 词云

3. 政策1.0词云

图2-3　政策1.0词云

（四）初步结论

1. 基本共识

从学术1.0到学术2.0和政策1.0，三者完全一致的地方包括四点。第一，研究对象高度一致都是"社会治理"；第二，社会治理表现形态是"制度体系"加"管理"；第三，"发展"是共同选择；第四，共同的词是"实现"，有目的，要结果也是能达成共识的。

2. 学术原型中的特色

从1994年到2013年底，从样本来看，学者对社会治理有一些共同判断：第一，社会治理需要公民、社区、民间组织广泛参与；第二，需要自治，也需要合作；第三，与利益相关，社会治理是一个进行时、一个过程，需要建构；第四，研究限于社会治理模式的讨论，在学术原型分词的前50个排序中，竟然有"一个、一种、这种、多元"四个量词，"纸上谈兵、沙盘推演"的意味浓厚。

3. 添加了政策影响力的学术2.0版特色

2014年，社会治理成为国家政策词语，有了特定的内涵，2.0版的学术文本和以前比较呈现新的特色：第一，现代化和中国特色受到空前关注；第二，目标和重要理念更明确；第三，对操作和落地更关心，强调能力、体制、文化、市场等，这说明学术研究向资政参政方向转变的努力。

4. 从学术 1.0 到 2.0 的继承

对于社会治理，学者们达成共识的有以下几点：第一，社会治理第一责任人是政府；第二，社会治理的前提是多元主体，地位平等，广泛参与非常重要，社会治理最重要的机制是合作；第三，行政、服务、经济发展、政府与社会关系是主要议题。

5. 政策 1.0 强调什么

从党的十八大提出"社会管理"到"十三五"经济社会发展规划布局"社会治理"，一字之差有何深意呢？2013 年十八届三中全会首次提出国家治理体系和治理能力现代化，包括社会体制在内的五大体制改革，后来习近平总书记多次对社会治理进行了深刻阐述，通过词频分析我们发现：第一，以人民为中心，坚持社会主义，建设发展是最高频的；第二，强调思想和精神的贯彻与统一，从党、全国人大到省部级领导干部；第三，注重学习、工作和创新；第四，强调专题性解决问题，如城市、上海、农村问题，任务要分解；第五，对时间、投入强度、效率有一定要求。

6. 学术文本到政策文本反映出的认知差异

从学术文本到政策文本其关注对象虽然一致，但焦点和目标显然有很大不同。第一，学术文本强调建构性，强调价值、逻辑、模式，政策关注的是行动、效率、结果；第二，两者对实践的影响逻辑不同，社会治理在政策维度强调落地，行动主体是领导干部，特别是高层领导要负起责任，学者们强调政府负责，从政府到领导，聚焦到行为主体更容易落地；第三，对未来的设计与考量还是有相同点的，需要改革、创新、法治以形成制度体系，但好的制度体系如何形成、如何运转，对于学者们而言基本是盲区，而政策落地的抓手再一次落到特定人身上。如何解决标准、规范、法治和制度化问题，还是一个难题。

第二节 国外社会政策转型：社会治理
实践难题与方案变迁

应对社会矛盾，化解社会问题的社会治理实践源远流长，社会政策变迁反映了社会治理问题和方案的变迁。

最早提出社会政策概念的是 19 世纪德国学者瓦格纳，他把社会政策定义为运用立法和行政的手段，以争取公平为目的，消除分配过程中的各种弊害的国家政策。这比社会政策实践晚了整整 200 年。

英国学者马歇尔在其《社会政策》一书中把社会政策定义为关于政府行动的政策，即政府通过向市民提供服务或收入，从而对他们的福利产生直接的影响，所以社会政策的核心内容包括社会保险、国家救助、健康和福利服务以及住房政策。蒂特姆斯进一步聚焦，认为社会政策即社会福利领域，具体包括社会福利、财政福利和职业福利三类。社会福利主要是指直接公共服务，如教育和健康照料及退休金和救助金等；财政福利具体指明确社会目标的特别减税和退税措施，如在很多发达国家，凡市民参与慈善捐款、社会保险或抚养子女等，获得所得税减免，从而增加可支配收入；职业福利包括企业补充医疗、补充养老、子女教育、住房补贴、有薪假期等，这些常常是由企业提供的各种内部福利，以现金或实物形式给付，常常由政府依法强制实施。布莱克威尔《社会政策》词典定义社会政策为用来预防社会问题之措施的制定和实施过程。

从社会政策实践维度观察社会政策演化，最初的社会政策外延有限，只包括社会保障的特定领域。福利国家阶段社会政策外延不断扩展，到发展型社会政策时期，社会政策的包容度得到了极大的拓展，包括社会事业政策中的社会保障政策、医疗卫生政策、教育政策、人口政策、劳动政策等，公共服务供给制度中社会服务政策、社会治安政策等，还覆盖了一部分居民收入分配和消费政策、环保政策、文化体育政策等内容。从社会政策不断转型的过程来看，应对重要社会问题是社会政策的基本使命，社会治理包括民生的重要领域，但其和社会政策的逻辑不完全一样，社会治理强调目标导向，即价值目标和状态目标，而社会政策强调的是问题导向，其着力点放在了具体领域或项目目标。

一　早期的社会政策

（一）英国的济贫法

16 世纪英国以纺织业为主导的工业大发展，导致了大量农民失地，城市出现了大量的失业者、贫民流浪者，为了维护社会秩序，英国王室于1601 年颁布《伊丽莎白济贫法》（以下简称《济贫法》），此后 16～17 世纪，英国政府又陆续出台了《职工法》和《安置法》，《职工法》、《济贫法》和《安置法》三部法规的颁布，是社会政策形成的重要标志。

专栏 2　世界上最早的社会保障法《伊丽莎白济贫法》及演化①

　　圈地运动以后英国偷盗者、流氓人、乞讨者增多，社会不安因素急剧增加。1601 年英王室通过了一个新法案《伊丽莎白济贫法》，根据《济贫法》，治安法官有权以教区为单位管理济贫事宜、征收济贫税及核发济贫费。救济办法因人而异，凡年老及丧失劳动力的，在家接受救济；贫穷儿童则在指定的人家寄养，长到一定年龄时送去做学徒；流浪者被关进监狱或送入教养院。②这一法律遵循的基本原则是让没有工作能力的人，如孤儿、无人赡养的老人和身体残疾的人，得到救济或赡养；给有劳动能力的人一份工作，让他们能够以此谋生。③针对济贫对象识别与补助形式，对《济贫法》执行有过补充修订，1793 年英法战争，各地发生抢粮事件，伯克郡济贫官员于 1795 年 5 月在斯皮纳姆兰村召开会议，决定向那些收入低于公认最低生活标准的工人提供补助，允许他们在家得到救济，即所谓"斯皮纳姆兰制"。此后，这一制度在英国各郡被广泛采用，成为缓和阶级矛盾的重要措施。

　　1834 年英国议会通过《济贫法（修正案）》，这是 1601 年以后最重要的济贫法，史称新济贫法。该法取消了"斯皮纳姆兰制"的家内救济，改为受救济者必须是在收容所中从事苦役的贫民。所内的生活条件

---

① 资料来源：《伊丽莎白济贫法》，https：//baike. baidu. com/item/% E4% BC% 8A% E4% B8% BD% E8% 8E% 8E% E7% 99% BD% E6% B5% 8E% E8% B4% AB% E6% B3% 95/6609241？fr = aladdin#1，根据网络资料整理。

② 林平：《历史学科核心素养指导下的高三二轮复习——以"20 世纪以来世界资本主义经济政策的调整"为例》，《教学考试》2019 年第 3 期。

③ 汪洪涛：《英国济贫法的历史演变对中国反贫困制度内核修复的启示》，《海派经济学》2012 年第 6 期。

恶劣，劳动极其繁重，贫民望而却步，被称为劳动者的"巴士底狱"。有评论认为，新济贫法不仅没有改善工人的生存状况，反而使他们陷入更加绝望的境地。20世纪以来，济贫法的重要性逐渐降低。1946年的《国民保险法》和1948年的《国民救助法》通过后，卫生部主管的社会保险已完全代替济贫，济贫法失去作用。

（二）德国的医保法

早期社会政策实践中，德国俾斯麦政府的探索也是一个重要方向。在工业化取得一定成就并有较雄厚的经济基础，单位和个人也具有一定经济承受能力的条件下，德国建立了有国家特色的社会保障制度。它的目标是以劳动者为核心，通过提供一系列基本生活保障，使社会成员在疾病、失业、年老、伤残以及由于婚姻关系、生育或死亡而需要特别援助的情况下得到经济补偿和保障。[1] 1883年俾斯麦政府制定了世界第一部《疾病保险法》，1884年、1889年先后通过《工人赔偿法》与《伤残和养老保险法》，这三个法律是现代世界上第一个比较完整的社会保障法律体系。

专栏3　俾斯麦型社会保障模式特点及风险[2]

俾斯麦型社会保障模式是可以和福利国家社会保障模式比较的一种制度设计。它有五个特点。

（1）以劳动者为核心。劳动保险制度面向劳动者，特别是工薪劳动者，围绕劳动者面临的年老、疾病、工伤、失业等风险设置保险项目，并用以保障劳动者在遭遇这些风险事件时的基本生活。在某些情形下，劳动保险制度还通过劳动者惠及其家庭成员。

（2）责任分担。劳动保险强调雇主与劳动者个人分担劳动保险缴费

---

① 社会保险型模式 – 普通经济学 – 百科全书，价值中国网。
② 资料来源：根据网络资料整理。

责任，国家财政给予适当支持，从而是一种风险共担和责任分担的社会保障机制。

（3）权利与义务有机结合。劳动保险强调劳动者享受劳动保险的权利与缴纳劳动保险费的义务相联系，劳动者享有的劳动保险待遇水平亦常常与缴纳劳动保险费的多少和个人收入情况相联系，不参加劳动保险或者未缴纳劳动保险费是不能享受劳动保险待遇的。

（4）互助共济。雇主与劳动者个人缴纳的劳动保险费形成养老、医疗、失业、工伤、生育等劳动保险基金，当劳动者遭遇保险事件时，享受相应的劳动保险待遇，劳动保险基金在受保成员之间调剂使用，充分体现出互助互济、共担风险的原则。

（5）现收现付。劳动保险基金的筹集以现收现付方式为主。[①]采取现收现付方式筹集劳动保险基金时，保险费率受人口年龄结构与人口就业比例的影响较大，难以应付人口老龄化导致的多余专付高峰，进而可能因基金积累不足而造成财务危机。

（三）早期社会政策的兜底性

从 17 世纪初到 20 世纪上半叶，早期工业化国家陆续建立起劳动保障、医疗保障、贫困救助的社会保障体系，早期社会保障根据各国情况有很大差异，其制度设计和政策出发点是为了平抑工业化带来的社会冲击，具有比较明确的兜底性。

二　福利国家社会政策

（一）福利国家制度建立

1941 年，英国成立社会保险和相关服务部际协调委员会，着手制定战后社会保障计划。经济学家贝弗里奇爵士受英国战时内阁财政部部长、英国

---

① 社会保险型模式–普通经济学–百科全书，价值中国网。

战后重建委员会主席阿瑟·格林伍德先生委托，出任社会保险和相关服务部际协调委员会主席，负责对现行的国家社会保险方案及相关服务（包括工伤赔偿）进行调查，并就战后重建社会保障计划进行构思设计，提出具体方案和建议。报告从英国现实出发，指出贫困、疾病、愚昧、肮脏和懒惰是影响英国社会进步、经济发展和人民生活的五大障碍，并据此提出政府要统一管理社会保障工作、通过社会保障实现国民收入再分配的建议。报告设计了一整套"从摇篮到坟墓"的社会福利制度，提出国家将为每个公民提供9种社会保险待遇，还提供全方位的医疗和康复服务，并根据本人经济状况提供国民救助。报告指出，社会保障应遵循以下四个基本原则：一是普遍性原则，即社会保障应该满足全体居民多种社会保障需求；二是保障基本生活原则，即社会保障只能确保每一个公民最基本的生活需求；三是统一原则，即社会保险的缴费标准、待遇支付和行政管理必须统一；四是权利和义务对等原则，即享受社会保障必须以劳动和缴纳保险费为条件。这些原则的提出和实施使社会保障理论更加丰富和趋于成熟。在贝弗里奇报告的基础上，英国政府于1944年发布了社会保险白皮书，基本接受了贝弗里奇报告的建议，并制定了国民保险法、国民卫生保健服务法、家庭津贴法、国民救济法等一系列法律。1948年，英国首相艾德礼宣布英国第一个建成了福利国家。贝弗里奇也因此获得了"福利国家之父"的称号。报告和英国福利国家社会保障制度的实施，影响了整个欧洲。瑞典、芬兰、挪威、法国、意大利等国也纷纷效仿英国，致力于建设福利国家。①

（二）福利国家制度危机

福利国家制度进入20世纪90年代，面临严重危机。第一，社会保障负担过重引发生产成本升高，西欧各国的劳务费用同其他主要发达国家相比一般要高出50%左右，意大利的工人平均每小时的报酬为21.09美元，其中社会保障费占比高于基本工资，德国制造业工人每小时的报酬为26.89美元，其中12.47美元是以健康保险和年金这一社会保障费的形式领取的。而

---

① 贝弗里奇报告－战略管理－百科全书，价值中国网。

同期一个美国工人平均每小时的报酬为 15.89 美元，其中社会保障费仅为 4.44 美元，大大低于西欧国家。① 第二，成本升高，导致产业转移，产业外迁严重，使西欧经济体产业竞争力严重流失。第三，严重的经济衰退及人口老龄化问题凸显，社会福利刚性支出不断攀升，使福利政策难以为继。改革迫在眉睫，许多国家开始压缩或稀释"从摇篮到坟墓"的社会保障制度安排，由于民意沸腾，一些国家选择保护主义政策。第四，社会福利政策制定之初本是为了缓和社会问题，但实际执行过程中有些规定却加深了社会的不稳定。比如社会保障制度就使企业无法向社会提供更多的专职工作，西班牙雇主由于提供不起高昂的福利支出，35% 以上的劳动力从事的是临时性工作。福利国家模式危机使人们认识到西欧发达国家也存在着许多难以解决的社会问题和经济问题，动摇了福利国家发展路径。

（三）治理难题：管治、自治、共治的平衡点

1. 以经济手段建设社会只是必要条件，不是充要条件

早期社会政策过渡到福利国家政策，是人类历史上一次文明的跃进，所有公民在自己的国家内获得平等的对待、分享有保障的社会和经济资源，通过发展解决人类历史上一直面对而无法突破的老、弱、病、伤、残问题。但同时通过经济手段重建更好社会的想法受到了沉重的打击，这个打击非常大，从某种意义上讲一直延续到今天，埋下了西方社会矛盾和冲突的种子，这个危机可以分成三个角度来认识：第一，进入 20 世纪 90 年代福利国家财政危机，由于人力成本上涨了 30% 甚至更多，高福利带来高成本使欧洲国家经济竞争力受到重创，影响国家发展速度，使财政支付能力受到极大挑战，同时由于福利的刚性原则，很难做出适应性调整，压缩了欧洲国家政府政策行动空间；第二，高福利改变了就业结构，一方面是企业为了降低成本开始大量采用零工，另一方面是福利保障使一部分人"懒"得进入就业市场，福利国家催生了"食利阶层"之外的大批"无所事事"群体；第三，欧洲福利高地吸引了中东、非洲、俄罗斯的移民潮，欧洲统计局报

---

① 胡宁：《西欧的福利国家政策与近年来的经济衰退》，《世界经济与政治》1994 年第 10 期。

告说，2017 年欧盟向超过 310 万非欧盟居民颁发了居留许可证，波兰、德国、英国是接受新移民数量的前三位。欧洲移民争议不断，也引发了一些社会问题。

2. 政府：有为和无为的两难

大量经济学研究表明，除了加拿大、澳大利亚、新西兰几个自然资源丰富的国家成为发达国家，大多数自然资源丰富的国家，往往是发展乏力、政府腐败、人民收入差距巨大的欠发达国家，经济学家称这种情况是"资源诅咒"。从某种意义上讲福利国家的危机和"资源诅咒"有相似之处。这给政府定位带来更大的挑战，如何平衡公平和效率，如何平衡政府和市场，如何平衡社会福利和公共服务的边界。其实我们不能用简单的经济思维代替社会系统发展演化逻辑，因为其有更多的多样性和复杂性，同时现代社会风险也比以前的群体性风险来得更隐蔽、更不容易识别。如何应对新的社会问题，化解风险，不能包办也不能代替，需要改造国民、教育国民、引导国民、支持国民，让他们具有自律、兼爱的精神，在此基础上发挥政府和社会自治力量，实现建设共治美好社会的前景。北欧国家福利政策转型和今天北欧的活力证明共治能找到出路。

三　创新社会治理的若干政策与实践

（一）北欧走出福利国家陷阱

在高福利国家中，西欧和北欧的表现截然不同。高福利成为压垮西欧国家竞争力的主要因素，并且在全球范围内达成了共识——福利国家模式已经破产，而北欧经验长期被忽视了。除了高税收、高福利、高幸福感外，北欧国家在几乎所有重要领域取得的成绩都是显著的，在联合国的人类发展指数排名中挪威、瑞典、芬兰和丹麦都名列前茅，在全球最具创造力的国家排名中芬兰、瑞典、丹麦和挪威也是名列前茅，在世界幸福指数调查、世界民主指数排名中北欧国家的表现都很抢眼。北欧国家经济与社会的和谐发展根本动力在哪儿？传统的解释认为是北欧的民主主义社会保障体系，即社会民主主义福利国家模式发挥了重要的作用。这种以钱说事的解释是站不住脚的，没钱不行，但花钱办不好事的也大有人在。通过对北欧模式的再研读，我们发现，聚焦基本发展目标，把政策的作用点始终放在建设人本、发展人文、支持家庭成长上，是北欧社会政策取得良好效果的关键因素。

1. 北欧国家社会政策主要内容

北欧（Nordic Europe）是政治地理名词，特指北欧理事会的五个主权国家：瑞典、挪威、芬兰、丹麦、冰岛。北欧国家的人口密度在欧洲相对较低，经济水平则最高。挪威、丹麦、冰岛等国的人均国民生产总值均遥居世界前列。北欧福利国家建设主要包括三个方面的内容，即公共福利、社会津贴和社会保险计划。

公共福利由政府组织高效提供。这些国家在医疗教育和住房方面发展出国有化的高效率公共服务体系，政府来推进医院、学校、幼儿园等机构的发展，效率高、认真、免费。所以，在北欧私立医院、私立学校很少见。

社会津贴全民覆盖。北欧各国在战后重建阶段发展起儿童津贴、残疾津贴和生育津贴体系，目前教育、医疗、退休保障、失业保障等各类补贴实现全民覆盖。政府支出比例平均占 GDP 的 50% 以上。比如瑞典，5200 亿美元的 GDP，政府预算达 3000 亿美元，政府支出里面 85% 的比例直接花在社会项目上。[①]

社会保险非常完善，包括养老、疾病、失业、工伤保险等。

20 世纪 80 年代末到 90 年代末这十年，北欧的福利制度也遇到了一系列经济问题，90 年代北欧的政策制定者启动政策改革，改革主要包括三个方面内容。第一，降成本，下调津贴水平、缩短给付时间、设置或延长了等待时间，通过不同的措施来严格控制津贴给付的资格条件。第二，强能力，包括政府管理能力和居民发展能力。通过教育和培训提升居民发展能

---

① Daniel Lightwing：《是什么支撑北欧的高福利？》，原创文章，https：//baike. baidu. com/tashuo/browse/content? id = 570fd4bbf6c69e8aeae3fc1c&fr = qingtian&lemmaId = 830500。

力，加强就业能力的训练，政府管理推进养老金系统的改革，强化了缴费给付之间的关系，税收比例较高，如瑞典税负占收入的 57.1%，收税非常严，也很透明化。在挪威，可以在网上查到任何人每一年的收入、财产以及当年交付的税。从首相到老百姓，都必须公开。第三，重谈判，地方政府在福利融资和分配中的作用大大强化，并在中央和地方之间出现了越来越多的谈判。①

2. 北欧国家社会政策主要成效

高福利和高创造力交相辉映。一般认为高福利助长懒汉，使经济社会失去活力。但北欧国家人均收入和人均 GDP 普遍也不错。挪威 2018 年人均 GDP 是 73000 美元，差不多世界第一，北欧五国能排进前十，比英德法都高。北欧国家不仅收入高，在全球最具创新力的国家排行中，芬兰、瑞典、丹麦和挪威都在 20 强之列（见图 2 - 4）。

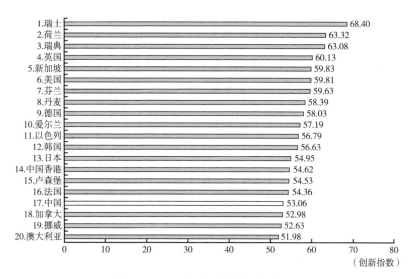

图 2 - 4　2018 年全球创新二十大强国

资料来源：Global Innovation Index。

---

① 林卡等：《北欧国家社会政策的演变及其对中国社会建设的启示》，《经济社会体制比较》2011 年第 3 期。

高税收与高快乐和高廉洁并存。福利高，税负也是奇高，但北欧人却拥有极高的"快乐"指数。社会参与度高达80%，关心政治、热心社区和公益，不仅为自己花钱大方，同时也是国际救助中人均慈善捐款最高的国家。同时政府效率也很高，北欧国家的贪污腐败指数都是世界最低的。

个人自主发展与社会和谐相得益彰。拥有极高的"人类发展指数"（HDI/IHDI），一般都在0.85以上，也就是前十以内。极低的贫富差距，北欧各国基尼系数都在0.2~0.26，世界贫富差距最低的国家前十名中北欧贡献一半。英德法的基尼系数是0.31左右，美国的基尼系数为0.42。

（二）问题提出：北欧模式例外的根源及启示

1. 西欧模式和北欧模式差异点比较

西欧、北欧福利模式和项目的制度设计基本是相同的，但效果截然不同，其差异主要体现为聚焦目标的差异。

聚焦劳工问题。北欧构建养老体系、失业保险和工伤保险比西欧国家晚，但其政策目标很清晰，是解决劳工问题。19世纪至20世纪30年代，北欧国家的社会保障体系基本建立起来，但是气候和发展空间问题依然存在。20世纪30年代，北欧农民出现了大规模向美国移民的活动，如何稳定人口规模，防止人口外流？是当时北欧国家社会精英普遍讨论的问题。换言之，其社会保障体系建立之初就不是应对社会对公共服务需求增长的压力，而是迎合国家发展的需要，政策是手段，政策目标是影响人、建设人、改变人这一点从来没有动摇。

根据经济社会环境的变化，北欧国家又推出了比较系统的家庭扶持政策。这是因为移民问题、人口下降问题和单身母亲等现象普遍存在，瑞典20世纪20年代开始提供儿童津贴，并且为小学生提供学校午餐和衣物资助，1946年挪威通过了儿童福利计划，为每个家庭内的第二孩及以后出生的孩子提供津贴，瑞典1948年进行了儿童津贴立法，芬兰1949年设立了生育津贴，丹麦1948年通过针对16岁以下儿童的福利计划，因此在北欧家庭政策是社会政策的核心领域。

2. 北欧社会政策成功的根源

政策目标和发展目标的高度一致性。北欧国家通过社会政策的制定和公共资源的投入重塑了社会机制，调整了阶层关系，特别是通过家庭政策的运作使公共机构深入介入人们日常的生活中，使私人领域和公共领域逐渐融为一体。

北欧经验充分证明社会政策可以实现多重的经济目标，包括促进经济发展和增强工作愿望。社会政策是国家和社会发展的重要工具及手段。

社会政策和人本发展的高度相关性。社会政策是实现社会发展的一组工具，政策工具的关键点在于培养人，包括塑造他们的观念、行为和社会关系。培养人的自主自立和自由精神，2017 年瑞典已经拥有 76% 的无神论者，英国刚刚达到 50%，美国也许还需要 100 年才能达到这一水平。问题思维和解决问题取向在很多非工作相关的领域也都很浓厚。如发现自己家里养老人、养小孩遇到困难，也会联合起来，推动形成公共政策。培养人们的社会公益心和公德心，在援助发展中国家方面，北欧国家也是预算比例最高的几个，人均对外援助比例是美国的 20 多倍。不仅为自己的人民服务到极点，还愿意把部分多余的钱花到其他国家上。由于社会保障体制和社会再分配体制，人们具有一种公平感和公正感。"和谐性民主"是社会底线，不太容许多数人欺负少数人，强调保护小群体的利益及谈判达到各方满意的制度设计。

极高的社会参与广度和深度。60%～80% 的北欧人参与了各种工会，其中有近一半的非政府组织与工会和职业性组织有关，如科学学会、汽车主组织，此外兴趣团体在北欧也非常流行，包括汽车协会、宗教团体、消费者合作协会、体育俱乐部、文化活动小组等。慈善组织覆盖面也很广，提供的服务从康复到儿童照顾、从教育培训活动到社会公平。

在北欧，私企招聘、讨论薪水等都需要三方（公司、员工、政府）一起决定，待遇相关的事情是相当公正的。这种社会参与不仅体现在经济和收入等福利相关领域，其政治参与度也特高。80% 以上的人会出来为各种小事投票，包括政策实施细节。

不断创新融合的社会政策实践。比如"免费医疗"，90～100 年前已经在北欧出现了，其他欧洲国家二战后才开始效仿。现在，芬兰还在进行大规模"basicincome"之政策实验，主要内容是给每个人发一样的基本收入，几千欧元一个月；无论人家是否有工作，这些政策创新实验使北欧成为阶级流动性最强的西方国家。近十年，北欧国家也更加重视科技（自动化）取代劳动的趋势。一方面对公司的这种行为保持开放欢迎的态度，另一方面大力投资"重新教育"，补助劳动者去适应一些新的行业，这已经成了新的一种补贴方式。

3. 北欧模式对我们的启示

社会政策要以人为中心，以家庭政策为关键，超越社会福利政策工具局限，聚焦发展目标。

第三节　社会治理实践：从政府全责向多元治理转变

传统的社会治理过程中，政府发挥着全面主导作用，形成了以政府为治理主体的单一模式。但是，随着现代社会民主进程的不断加快、现代化治理理念的不断发展，以及工业化、网络技术、自媒体等现代化交流沟通方式的不断创新，社会治理向多元化转变有其必然性。

一　从问题层面看：社会问题越来越复杂性

随着我国经济社会快速发展，在物质生活越来越丰富的同时，社会治理却难以跟上社会发展的节奏，新问题层出不穷，多种社会力量、非利益相关方参与其中，迫切需要社会治理在理念、主体、责任分工、方式手段等方面的创新。

1. 共性问题演化成社会问题

留守儿童问题就是共性问题演变成社会问题的典型。自 20 世纪 80 年代起，越来越多的农村剩余劳动力涌入城市。由于受到户籍政策和经济条件的限制，进城务工人员只能将子女留在老家，"留守儿童"这一特殊人群由此产生。留守儿童问题伴随我国城镇化的迅速发展和城乡二元结构的不断演变而产生，对社会治理提出了新的要求。

专栏4　留守儿童问题演化成社会问题①

2005年12月联合国儿童基金会和中国少年儿童新闻出版总社开展了农村"留守儿童"问卷调查，结果发现：半数孩子表示他们最苦恼的事是"学习题目难，不知道该问谁"，有的孩子最害怕学校开家长会，因为不知道到底应该请谁。在留守儿童中，三分之一的人学习成绩不好，在情况严重的地方，厌学、逃学甚至辍学的倾向比较明显。此外，调查显示，留守儿童代养人中，绝大多数（84%）只具有初中、小学文化水平，还有少部分几乎是文盲。普遍较低的文化水平，使得代养人在对孩子身心健康发展非常重要的早期教育方面，往往会显得"心有余而力不足"。近年留守儿童犯罪呈现高发态势。2008年2月25日是（安徽）太湖县晋熙镇天台联合小学开学的第一天，也是该校五年级学生章杨宇爸妈出门打工的第十天。就在这一天，章杨宇选择告别这个世界。遗书中，他留下了让所有人都刻骨铭心的一句话："你们（指父母）每次离开我都很伤心，这也是我自杀的原因"……2019年5月，宜州市的北山镇发生一起校园欺凌事件，事件中至少5人对着一名身着白衣齐肩短发的女生轮番施暴，狂抽耳光。其中，"绿衣女孩"一人就三次出手，在受害人脸上掴了7个耳光。事后了解到施暴者和受害者基本上都是父母在外打工的"留守少女"。

---

2. 环境等外部性风险问题演化成社会问题

近年来，大众对污染物的排放和环境污染事件越来越敏感，为环境群体性事件的爆发埋下了伏笔，由环境问题引发的维权、上访等社会问题日益严重。通过举报投诉、环评、听证、新闻舆论监督等手段引入社会力量，把环

---

① 资料来源：根据110法律咨询网整理，http://www.110.com/ziliao/article-266406.html。

境治理透明化，加强社会监督与自我监督，杜绝寻租等方式，创新社会治理，回应社会关切，共同努力，将环境问题引发的社会问题解决在萌芽阶段。

专栏5　PX环境污染群体性事件①

PX是一种易燃低毒性化学物质，学名叫二甲苯，原油开采出来后主要加工为三类产品：一部分做了汽油、煤油、柴油，一部分做乙烯，还有一类就是芳烃类产品。我国对PX产品的需求量很大，但实际生产能力只能满足一半需求，产业对外依存度较大。

2006年厦门市引进海沧PX（对二甲苯）项目，总投资额达108亿元，是"厦门有史以来最大工业项目"，选址于厦门市海沧台商投资区，投产后每年的工业产值可达800亿元。该项目于2006年11月开工，原计划2008年投产。然而在2007年5月30日，厦门市政府决定缓建海沧PX项目。6月7日，由国家环保总局组织各方专家，就PX项目对厦门市进行全区域总体规划环评。之后环评报告的简本按照《环境影响评价公众参与暂行办法》进行了公示，使公众了解到城市副中心规划和化工区规划的明显矛盾，以及投资商先前的一个项目未能符合环保法规等重要信息。面对潜在的环境风险，厦门市民在厦门著名的网络社区上，展开了关于PX项目的热烈讨论，表达了自己对该项目环境和安全风险的忧虑，引起了国内外广泛关注。12月5日环评报告进入公众参与阶段，在两场座谈会上，接近九成的市民代表坚决反对PX项目上马。最终福建省政府和厦门市政府决定顺从民意，停止在厦门海沧区兴建PX项目，将该项目迁往漳州古雷半岛。

---

3. 网络带来的新治理风险

随着信息技术的发展，新时代网络舆情的特征也随之产生了新的变化，

---

① 资料来源：王臻，《我国环境管理中公众参与机制研究：基于系列环境群体性事件的案例分析》，南京大学硕士学位论文，2014。

具体表现为传播机制的复杂化、参与主体范围的扩大化以及运行规则的系统化三方面，这些特征对我国社会治理提出了新要求。

专栏 6　女医生自杀反转事件和万州公交车坠江反转事件[①]

德阳女医生自杀反转事件：2018 年 8 月 22 日，网络自媒体发博称"疑因妻子游泳时被撞到，男子竟在游泳池中按着小孩打"。据视频爆料者常女士称："8 月 20 日，一男子在游泳池内打她儿子，因儿子与该男子妻子游泳时不小心撞了女医生，随后男子便冲过去将小孩朝水里按，还打了一耳光，儿子同学上前理论也遭推搡。"8 月 21 日，男孩家人找到涉事安颖彦医生和她老公的单位大吵大闹，并让安医生单位的领导把她开除。反转：据安医生的同事介绍，网上的视频是男孩家长经过剪辑后放出来的。8 月 25 日，安医生不堪被"人肉搜索"的压力而选择了自杀，最后经抢救无效身亡。消息传出后，与安医生发生冲突的那一家人也遭到了"人肉搜索"。8 月 27 日，@德阳爆料王发布致歉声明。8 月 31 日，德阳警方介入调查。"是谁杀了安医生？"这个问题开始引发公众的反思。

重庆万州公交车坠江反转事件：2018 年 10 月 28 日上午 10 时 8 分，重庆市万州区一辆公交车与一辆小轿车在万州区长江二桥相撞后，公交车坠入江中。由于涉事小轿车的驾驶员是一名女性，且有现场图片显示，女司机当时穿的是高跟鞋。部分媒体关注的焦点开始偏移，纷纷发布涉事女司机逆行的相关新闻报道。反转：10 月 28 日，万州警方通过官方微博@平安万州辟谣："重庆公交坠江事故的原因是公交车突然越过道路中间的双黄线，撞向正常行驶的小轿车，继而撞断护栏坠入江中。"后来，随着公交车"黑匣子"被打捞上岸，事故起因是乘客与司机发生了肢体冲突。此次事件再度暴露出大家对女司机的深刻偏见，而谣言的传播正是借力于我们的思维定式。

---

① 资料来源：根据快资讯整理，http：//www.360kuai.com/pc/9746f9faa12880c70？cota = 4&tj_url = so_rec&sign = 360_57c3bbd1&refer_scene = so_1。

新时代网络舆情传播机制的复杂化表现为混沌现象与蝴蝶效应相辅相成。混沌现象是系统内各子系统进行不规则运动，表现为行为态势难以确定、行为过程不可重复，以及行为的随机性特征。蝴蝶效应是基于动力系统的连锁反应，初始条件的细微调整将会影响到整个系统，并且最初的细微调整将会随着时间与事态的发展，影响范围与影响程度日益扩大。在完全开放的网络系统中，在外部治理条件弱化的情况下，网民对于网络事件将会产生充分、自由的讨论与沟通，讨论的时间、内容具有不特定性的特征。同时，在讨论与沟通的过程中，网民表达个人思想与情感的方式也并不特定，最终其造成的网络舆情结果也存在不确定性的特征。随着网络讨论的深入发展，网络舆情对于网民的情绪影响将由个体行为发展为群体现象，在此过程中如果任由事态的发展，群体现象最终将演变成新的社会事件，并且网民的情绪随着事态的发展会表现出波动性。

二　从社会权力产生看：权力结构有了新途径

社会问题复杂化，治理难度加大的同时，人们也探索出不同的治理方案。新的权力和权威是参与社会治理的重要力量。历史上的权力大多指的是军权、政权、皇权等，而权力的获取方式主要是通过战争、压迫、金钱、继承、家族等，而现在强调的是制度设计、自我管理、影响力提升等方式，个人通过信用、信任、阅历甚至经历得到别人的尊重，都可以形成新的权威，对市场形成新的号召力，这种号召力就是一种权力的象征。

1. 权力的来源

对于权力的理解，学者们从不同角度提出了众多的见解。丁金山认为权力来源于神授、社会契约和阶级斗争。马克思·韦伯（Max Weber）认为，合法权力的来源主要有传统型权威、魅力型权威、法理型权威三种类型。早在1959年，社会心理学家约翰弗·伦奇（French）和伯特伦·雷文（Raven）就对权力的来源和类型做过深入的研究，认为权力来源于强制权、奖赏权、法定权、专长权和感召权。刘振（2017）基于权力来源理论，提出了个人权力提升的途径有个人努力、提高专业技能、增加人际吸引力和行为一致性，职位权力提升的途径有构建以己为中心的关系网、提高被关注度、参与组织核心利益事项、寻求自主权。[①] 随着社会的发展和权力结构的变迁，权力获得的途径也有了新变化。个人通过提高信任度、阅历可以获得新的权力，也会通过一定的经历改变对权力的认识，获得感召力，从而获得新的权力。这种对权力的认知形成了新时代权力的普遍共识。

2. 权力的新途径——信任

获取他人的信任和认可是新时代获得权力的重要途径。在互联网迅速发展和知识经济越来越被大家接受的经济社会发展环境中，越来越多的公民、创业家等把自身经验和才华通过现代化的互联网方式展示给公众，取得公众的信任，而公众也从中取其所需，并愿意为此支付一定的费用。无形之中，通过这种平台的作用，知识发布者逐渐积累了一定的用户，具备了一定的影响力，形成了自己知识经济的话语权。

专栏7　"得到"的运营模式及成功经验

"得到"由罗辑思维团队出品，提倡碎片化学习方式，让用户短时间内获得有效的知识。"得到"自2016年5月上线，历经短短几年时间的发展，设置了商学院、人文学院、社科学院、科学学院、视野学院、能力学院六大学院，吸引了知识大咖罗振宇、薛兆丰、宁向东、何帆、万维钢（同人于野）、武志红、吴军、梁宁、施展、刘润等个人或集体入驻。2017年，"得到"在APP Store中国大陆图书类畅销榜中位居第1名。

都是知识付费，为什么"得到"APP就做得比别人好？第一，有大咖学者的影响力背书，罗振宇、宁向东、施展等上百位学者入驻。第二，"得到"团队对知识服务有深刻的理解，每一个"得到"课程都经过严格、规范、精炼化的打磨，呈现内在质量的统一性。第三，学者影响力和平台影响力相互加持，相得益彰，互相强化，获得了用户信任，由于信任"得到"的质量，其课程、电子图书、周边产品都取得了不错的业绩。

[①] 刘振：《基于权力来源视角下的领导者权力的提升途径探析》，《河北企业》2017年第11期。

3. 权力的新途径——阅历

新时代权力的另一种获取途径是阅历，个人通过阅历获取的丰富经验、专门知识可以经过自己的理解升华和传播，提升影响力和感召力，这种树立自己权威，对他人施加影响的方式就是获取权力的新途径。

专栏 8　吴晓波对中国企业的观察和记录使他获得了指引未来的权力[①]

吴晓波是如今的媒体界、商界和经济学界一颗耀眼的明星，2014 年他荣获百度 moments 营销盛典最具品牌价值的财经作家称号。时至今日，他创作大量脍炙人口的图书，如《大败局》（2001 年）、《穿越玉米地》（2002 年）、《非常营销》（2003 年）、《被夸大的使命》（2004 年）、《激荡三十年（中国企业 1978～2008）》（上）（2007 年）、《大败局 2》（2007 年）、《激荡三十年（中国企业 1978～2008）》（下）（2008 年）、《跌荡一百年（中国企业 1870～1978）》（上）（2009 年）。其中《大败局》被评为"影响中国商业界的二十本书"之一，《激荡三十年》被评为"最受中央国家机关干部欢迎的 10 本书"之一。从一个大学生到记者，到专栏作家、签约作家，吴晓波的个人成长与他对商业的深刻洞察和清晰解读密不可分。他的阅历与能力，让他成为从当代可以瞭望未来的有影响力人物。

经济学家通过自身阅历提升经济分析研究能力，为国家提供建设性的经济政策建议，从而对宏观经济产生重要影响；社会学家通过观察社会现象，提高社会问题分析研究能力，提出解决社会问题的治理措施，从而对社会治理产生深远影响。这都表明丰富的阅历上升为思想、理论、论断、政策、措施并具备一定的权威性都可以形成一种新的权力。

4. 权力的新途径——经历

新时代权力的另一种获取途径是经历，人生的某个或者某段重要的经历

---

① 资料来源：百度百科，https：//baike. baidu. com/item/% E5% 90% B4% E6% 99% 93% E6% B3% A2/29563？ fr = aladdin。

会改变整个人的认知，认知的改变指导人们选择与之前完全不同的行为方式。当人们被赋予正确的认知后往往能做出更为理性和正确的选择，从而获取大多数人的认同，这种认同感就会形成一种权威。如"吸毒者"可以通过戒毒的经历成为"禁毒大使"，"叛逆学生"可以通过良好的教育成为"学生楷模"，"上访者"可以通过宣传教育成为"志愿者"。

专栏 9　将"上访者"变为"志愿者"[①]

　　上海融都金桥园信访积案是一件因市重大工程建设而引发的群体性事件。自 2012 年底中环线浦东段建设方案向社会公示后，融都金桥园的227 户居民因感觉自身利益受损，每周到市、区有关部门上访、集访甚至非访，对浦兴的和谐稳定造成一定负面影响。2016 年 8 月，融都金桥园 1~7 号房屋被置换，矛盾得到一定缓解。未被置换的 8~12 号居民矛盾仍然突出。2018 年，街道以"美丽街区"建设及提升城市精细化管理水平等重点工作为抓手，通过"大调研"，积极主动听取融都金桥园居民的心声，引导居民群众参与社区建设，申报专项自治金项目，建设"美丽家园"。在小区绿化美化过程中，居民萧先生目睹志愿者们头顶烈日种花种草，他倒茶送水慰问。绿化种植接近完工之时，他向志愿者们提出，小区内的另一侧主干道是否也能进行美化。当居委干部告知资金已超过预算无法实施时，他主动捐献家中的花盆及花草，并当场从家中取出 3000 元交给志愿者，他表示，"这个钱我愿意出，小区环境的美化，是我们每个人的分内事，这么好的环境如果因为这点费用造成美中不足就太遗憾了"。党员志愿者俞阿姨、江阿姨等主动牵头征询居民意见，最终将当时居民自发筹集的 4879.70 元"上访经费"作为"美丽家园"的建设经费。如今，居民群众纷纷走出家门，主动关心小区环境，志愿者队伍日益庞大，大家主动修剪小区内的枯枝，在公共区域提供自家的绿植，并教导孩子每天浇花浇树。小区翻天覆地的变化充分激发了

---

　　① 资料来源：网易新闻，http：//dy. 163. com/v2/article/detail/DP9177DT05341294. html。

居民群众的"主人翁"意识和责任感，也进一步提升了居民群众的"参与感"。在这个过程中融都金桥园居民纷纷走出家门参与到"美丽家园"建设中，使原来的"上访者"转变为"美丽家园"建设的志愿者。

三　从人口素养看：社会人的整体能力普遍提升

从收入水平和受教育水平来看，我国有 4 亿人属于中等收入群体，累计有 1 亿人接受过大学及以上教育。国民整体能力的普遍提升也为多元社会治理准备了条件。

1. 受教育水平提高推进社会治理意识增强

改革开放以后，我国公民受教育水平不断提升，尤其是高等教育快速发展。1978 年刚恢复高考时，全国在校大学生仅 228 万人，全国人口总数为 9.63 亿，在校大学生占比约为 0.2%，而当年的毛入学率仅为 2.7%。经过 40 年的发展，截至 2017 年底，我国在校大学生人数达到 3833 万，高等教育毛入学率达到 48.1%。1949 年以来，我国高校毕业人数也稳步快速增长，并经历了天之骄子、自然发展、普惠化三个发展阶段（见图 2-5、表 2-3）。三个阶段高校毕业人数快速提升，大学生总人数不断增加，表明我国人口整体素质普遍提高。

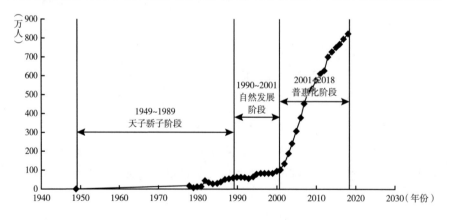

图 2-5　我国高校毕业生人数经历的三个阶段

表 2 - 3　1949 年以来全国高校毕业生人数

单位：万人

年份	人数	年份	人数	年份	人数
1949	2.1	1990	61.36	2002	133.73
1978	16.5	1991	61.43	2003	187.75
1979	8.5	1992	60.42	2004	239.10
1980	14.7	1993	57.07	2005	306.80
1981	14.0	1994	63.74	2006	377.47
1982	45.7	1995	80.54	2007	447.79
1983	33.5	1996	83.86	2008	512.00
1984	28.7	1997	82.91	2009	531.00
1985	31.6	1998	82.98	2010	575.40
1986	39.3	1999	84.76	2011	608.20
1987	53.2	2000	94.98	2012	624.70
1988	55.4	2001	103.63	2013	699.00
1989	57.62			2014	727
				2015	749
天之骄子阶段		自然发展阶段		2016	765
				2017	795
				2018	820
				普惠化阶段	

2. 收入提升促进社会参与需求增加

国家统计局统计显示，以中国典型的三口之家的年收入在 10 万元至 50 万元为标准，我国中等收入群体达 4 亿人，占我国总人口的近三成，人均可支配收入达 28228 元。中国社会科学院社会学研究所对中国社会状况抽样调查数据显示，中国 18 ~ 69 岁人口中，中等收入群体比例由 2001 年的 8.1% 上升到 2014 年的 47.6%，其中 2014 年城镇中等收入群体达 63.0%，农村中等收入群体达 28.2%，北上广中等收入群体达 79.8%，中等收入群体不断壮大（见表 2 - 4）。

表 2 - 4　2001 ~ 2014 年 18 ~ 69 岁中等收入群体所占比例增长趋势

单位：%

收入群体	全国					城镇	农村	北上广
	2001	2007	2010	2012	2014	2014	2014	2014
低收入群体	37.0	30.9	23.1	21.1	18.4	9.1	30.2	8.2
较低收入群体	54.8	52.6	43.3	40.1	33.3	26.9	41.4	8.5
中低收入群体	7.0	13.2	26.2	30.1	35.2	45.1	22.8	42.3
中间收入群体	0.8	2.3	5.4	6.7	9.8	14.0	4.5	28.1
中高收入群体	0.3	0.8	1.4	1.3	2.6	3.9	0.9	9.4
高收入群体	0.1	0.2	0.6	0.7	0.7	1.0	0.2	3.5
合　计	100	100	100	100	100	100	100	100
中等收入群体	8.1	16.3	33.0	38.1	47.6	63.0	28.2	79.8

伴随着我国居民中等收入群体的不断增加和人均收入水平的普遍提高，社会参与意识明显增强，成为社会治理的重要推动力量。

四　从全球化的示范效应看：政府存在着治理创新的压力机制

当今世界全球化趋势明显，不仅体现在国际贸易、人才流动、信息交互层面，不同国家的公共服务内容、水平、质量对他国形成了示范棘轮效应，社会治理方式也会对他国产生压力机制。

1. 食品安全问题

食品安全问题超越国界。世界范围内有比利时二噁英事件、英国疯牛病事件、印度假酒事件，国内范围有河南瘦肉精事件、河北三聚氰胺奶粉事件。从食品安全事件的发生看，有多重原因，包括国际贸易导入的他国食源性污染、各国法律要求标准不一产生的安全等级风险，也有不法厂家、商家制假、贩假产生的违法事件。食品安全问题侵害消费者合法权益，危害群众身心健康，给社会造成了极大的信任危机。

专栏 10　食品安全问题①

2008 年三鹿"三聚氰胺奶粉"事件：兰州市解放军第一医院收治了首宗患"肾结石"病症的婴幼儿。家长反映，孩子从出生起，就一直食用河北石家庄三鹿集团所产的三鹿婴幼儿奶粉。卫生部证实，三鹿牌奶粉中含有三聚氰胺，该事件中共有 6 个婴孩因喝了毒奶粉死亡，逾 30 万名儿童进行了患病风险排查。三鹿破产。

食品安全问题造成大面积社会信任危机，不仅给政府监管带来压力，也使食品、保健品等高端消费外流，特别是母婴奶粉中国际品牌与跨境消费占比接近 50%，对相关产业市场秩序形成重大冲击。

2. 教育公平问题

教育作为一种基本公共服务，是提高我国公民素质的重要手段，但是教育资源的分配却受政治、经济、社会发展水平等多种因素的影响，而出现地区不平衡的现象。家长为了让孩子能够受到良好的学校教育，择校与"高考移民"问题屡禁不止。

专栏 11　高考移民问题②

2019 年深圳富源学校在该市高三第二次模拟考试中，对其他学校形成"碾压"，在理科全市前 10 名中就占了 6 名，"秒杀"深圳传统四大名校。深圳市有关部门最新证实，富源学校进入此次"二模"前 100 名的学生中，有 10 余名学生均从河北衡水第一中学转入。③ 往常也出现有高考移民案例，但多是个人行为，此次的不同在于，这是学校之间的跨省"联姻"、合作。出现这种情况，与衡水中学等超级中学的介入有密切

① 资料来源：新浪科技新闻，https://tech.sina.com.cn/mobile/n/n/2019 - 03 - 16/doc - ihrfqzkc4352917.shtml。

② 资料来源：《经济观察报》，https://www.sohu.com/a/312580691_118622。

③ 杨三喜：《弄虚作假办不出好教育》，《中国教育报》2019 年 5 月 13 日。

关系。部分考生的户籍和学籍迁到了广东，但人在衡水读书，最后回广东高考。在高考政策上符合广东的要求，实际上却是"学籍空挂"。他们虽然在本省考不上清华、北大，但在素质教育改革走得更远的广东却有很多机会。而一些高中也有通过引进尖子生提升清华、北大录取率，从而提升学校声誉打造名校的需求。公开资料显示，2018 年，富源学校共有 11 名学生达到清华、北大分数线，9 名学生被录取。由此，富源学校 2018 年成功挂牌清华大学 2018 年生源中学。被录取的 9 名学生中，半数也被衡水中学列入了光荣榜，他们像是衡水中学输出的高考"雇佣兵"。就此次事件而言，关键点不在于异地高考是否应该放开，而在于"与名校联姻—获取高分生源—扩大知名度—形成地区内拔尖优势"的生源合作模式。这些空降考生的到来势必挤占本地考生正常的入学机会，进一步加剧名校录取名额的竞争，搅乱当地的良性竞争格局。

高考移民和学生择校是中国教育呈现的两大突出问题，其根源是优质教育资源的稀缺。而其他许多国家的高等教育是普及教育，优质义务教育是国民待遇，相比较而言，许多中国中产家庭为了孩子教育走上了移民之路。

此外，我国的社会福利、人居环境与发达国家也有不小的差距，这种落差导致移民现象和国内民众的不满情绪，形成社会治理压力。

第四节 社会治理绩效：国内外进展

社会治理绩效怎么样，需要事实和数据来证明。绩效总是和评估联系在一起。政策评估是指根据特定的标准，对政策进行衡量、检查、评价，以判断其优劣的活动。有效的评估，是实现决策科学化、民主化的必要保证，是检验政策的效果、效益、效率的基本途径，是决定政策修正、调整、继续或中止的重要依据，是实现政策资源合理配置的基础。党的十八届三中全会把国家治理体系的现代化和治理能力的现代化与政策评估紧密地结合起来，尤其是四中全会提出健全重大决策社会稳定风险评估机制，风险评估和公共政策评估成为政策链条中重要的不可或缺的一环，进入了法治化、制度化、规范化、程序化的轨道。"十三五"时期，规划评估和分领域政策评估成为推进重点领域，但综合的社会政策评估依然是一个空白点。特别是涉及社会治理这样一个庞大的领域，如何客观、科学地量化社会治理进展、效果、问题需要不断摸索。

一　有借鉴价值的西方政策评估经验

（一）政策评估进展

古巴和林肯（Cuba and Lincoln）认为，"政策评估可以分为四代，第一代测量取向的评估，第二代描述取向的评估，第三代判断取向的评估，第四代特别重视政策利益关系人对于政策的反应态度和意见的评估"。前三代评估（测量–理论叙述–价值判断）倾向于方法论上的实证论，偏重定量化研究，如测量评估（Measurement Evaluation）、目标取向评估（Goal-oriened Evaluation）、决策导向模式（Decision-oriented Model）、实验模式（Experimental Model）和执行评估理论等。其问题是过度倾向管理主义，无法调和价值的多元主义，过分强调量化方法，过于强调技术精良与方法论上的严谨。20世纪70年代中期以后，政策评估技术迈入"第四代"，注重定性的研究途径，突出评估者的中立角色，肯定社会中存在的多元价值观。评估模式主要有目标中立评估模式与回应性评估模式。①

（二）社会政策评估方法

20世纪60年代以来，随着政策科学的发展，产生了许多政策评估的方

---

① 在西方政策评估实践中有各种各样的评估模式。其中比较有代表性的研究成果是瑞典的学者韦唐（Vedung E.）按照政策评估的不同标准所归纳的10种政策评估模式，包括效果模式、经济模式、专业模式。

法和模型。例如，对政策执行过程中不同阶段的效果进行比较的"对比评估法"；对政策效果进行评估的目标达成模型（Goal-attainment Model）、副效应模型（Side-effects Model）、非限定目标评估模型（Goal-free Evaluation Model）；基于目标的评估和基于需求的评估，前者包括目标获取模型、侧面影响模型、自由目标评估模型，后者包括用户导向模型、相关利益人模型。①

（三）社会政策评估标准

评估标准指社会政策评估者在政策法规评估过程中据以对政策法规方案进行优劣判断的准则。国内主要重视效果评价和效益评价，国外的标准范围更广泛一些。

1. 效果标准

效果是指人们在实践活动中通过某种行为、力量、方式或因素而产生的结果。它强调这种结果符合目的性的程度，考察结果距离和目标偏差。

2. 效率标准

效率标准所关注的核心内容是一项政策法规是否以最小的投入得到最有效的产出。通常以单位成本所能产生的最大效应，或单位效应所需要的最小成本为评估的基本形式。

3. 效应标准

把一项社会政策放到整个社会系统中，从与之相关的其他要素的相互联系中，对它在整个社会系统中产生的影响进行综合分析，以它所产生的所有实际影响为评价的尺度，来判断政策法规的优与劣。

4. 效益标准

效益是指效果与利益，表现为在社会实践活动中某一特定系统实际产生的有益效果，人们习惯将效益分为经济效益和社会效益。政策的效益标准，就是看政策实际产生了哪些有益的效果，以有益效果的多少来判断政策的优与劣。

---

① 高峰：《政策评估的通用模型研究》，《科技管理研究》2015年第12期。

二　国内社会政策评估实践

（一）国内社会政策评估的主要类型

表 2 – 5　社会政策评估主要类型

分类标准	类别	优点	缺点
评估主体	权威授权评估	权威性,缩短评估结果到政策制度和调整过程之间的时间,同时也可以使基层官员和职能部门工作人员更加重视评估工作	受领导偏好影响,时间约束强,评估线条粗,不够细致。透明性不好,一般不会向社会公开全面披露
	学术研究评估	利用专业理论知识和专门的调研及分析方法,工作相对细致和客观	容易受专家个人价值观念和主观偏好的影响;有时会受到利益群体的影响;专家往往不参与政策行动本身,缺乏对政策行动过程及后果的有效判断
评估客体	规划评估	主要是对社会政策制定方案的评估。政策方案是否合理	—
	政策执行评估	对社会政策全过程的评估,既包括对社会政策制定方案的评估,还强调对社会政策执行以及结果的评估。政策实施行动是否得力以及是否取得了预期的效果	—
	政策综合评估	对社会政策全过程的评估,既包括对社会政策制定方案的评估,还强调对社会政策执行以及结果的评估。政策实施行动是否得力以及是否取得了预期的效果	—
评估执行单位	自评估	—	—
	第三方评估	多由内部机构完成,掌握了大量第一手资料,对于整个政策过程比较熟悉,有利于评估活动的展开。客观性	利益相关性
时点	中期评估	—	—
	终期评估	—	—

（二）社会政策评估中存在的问题①

第一是客观性不足。社会政策评估存在报喜不报忧，谈成绩可以，谈问题受到各种干扰的现象，这包含体制问题，同时也说明第三方评估没有形成独立的工作环节，嵌入政策执行全流程的体制、机制不完备。

第二是方法上科学性尚有不足。纸上评估、案头评估，疏于深入调研、信息不全等现象还比较普遍。中国国土面积大，人口多，一项公共政策的实施涉及960万平方公里，涉及十几亿人口，区域差距的复杂性大，文化经济的差异性大，要对一个涉及全国的公共政策进行评估，信息的对称性、覆盖面、准确性、全面性和人力、物力、时间的约束是客观的。如何解决这个问题，需要做评估方法的创新摸索，需要大数据方法的尝试，需要节制而有针对性的评估。提升评估专业度，世界本是复杂的，去粗取精、去伪存真，由此及彼、由表及里，训练形成一批专业的评估队伍非常必要。

第三是避免陷入评估陷阱。因为社会政策从实施到最终结果要经历复杂的传导过程，受多个因素影响，应避免将表面相关性视为内在因果性。对案例反映问题的覆盖面、不同条件下的影响因素要进行细致的思考，要避免"合成谬误"。

① 李伟：《公共政策评估与国家治理现代化》报告。

第三章
中国社会发展进程中的社会治理使命

中国的社会结构发生了翻天覆地的变化，特别是改革开放的 40 年。我们从构成社会的基本要素——人入手，进而分析人与人之间连接内容和范围的扩展，以及人与人之间关系的变化。

第一节　当代中国社会结构与
发展阶段

结构决定功能，在自然界碳元素由于原子排列方式不同，形成石墨、活性炭、金刚石和 C^{60}，石墨质软，金刚石硬度很高，活性炭善吸附，而 C^{60} 超导材料的物理化学性质又是完全不同的。人类社会结构也有异曲同工之妙。不同社会的组成是相同的人及由人组成的各类社会组织，但由于组织方式不同，社会呈现的稳定性、适应性、创造性也是完全不一样的，这个差异就是社会结构。简言之，社会结构是人与人之间的社会关系。社会关系又可以分成两个方面，即人与人之间连接的内容和方式、人占有的资源和地位。按照这个视角我们观察一下改革开放 40 年来，中国社会结构纵向和横向的变化。

一　社会结构的巨变

（一）社会中的人

1. 人口总量仍居世界首位，但年龄构成变化巨大，中国正由一个年轻国家变成一个加速老龄化的国家

1978 年中国人口总量 9.6 亿，2017 年为 13.9 亿。40 年中，人口增长了 4.3 亿，依然是世界头号人口大国。

由于出生率下降和寿命延长，中国人口结构发生重要的趋势性变化。从 1978 年到 2017 年中国人口出生率下降了 6 个千分点，人口自然增长率由 1978 年的 12‰变成了 2017 年的 5.32‰。与此同时，人口预期寿命增加约 10 岁，由 1982 年的 67.77 岁变成 2017 年的 76.34 岁（见图 3-1）。

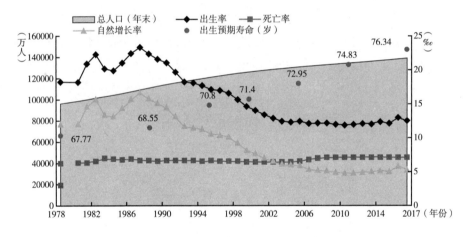

图 3-1　改革开放 40 年人口变化趋势

1982 年中国是个年轻国家：65 岁及以上老人不到 5000 万，占比 4.9%，而同时 0~14 岁人口 3.4 亿，占比 33.6%，15~64 岁人口 6.3 亿，占比 61.5%。2017 年中国是个老少负担较重的中年国家：0~14 岁人口 2.3 亿，占比 16.8%，15~64 岁人口 10 亿，占比 71.8%，65 岁及以上人口 1.58 亿，占比 11.4%（见图 3-2）。虽然我国老龄化程度还低于主要发达国家，但 65 岁及以上人口 2017 年为 1.58 亿，绝对量远远超过发达国家。

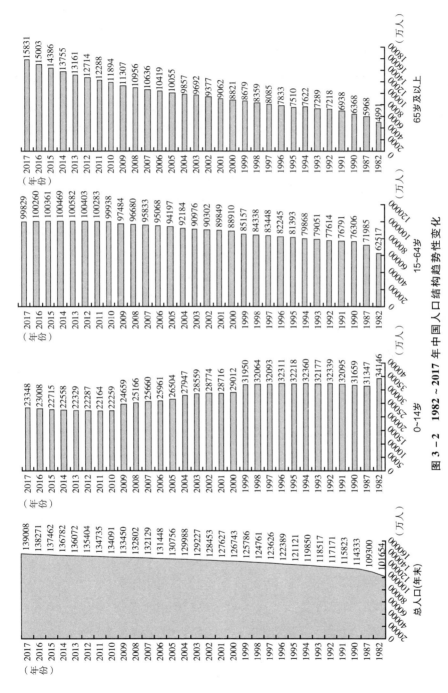

图 3－2　1982～2017 年中国人口结构趋势性变化

资料来源：《中国统计年鉴 2018》。

2. 人的空间分布和就业分布发生根本性变化

1978 年中国是落后国家，2017 年中国是有巨大乡村的城市国家。改革开放 40 年来，人口空间分布出现了根本性转变。1978 年，我国 9.6 亿总人口中，绝大部分常住在农村，总人数 7.9 亿，占比超过 82%；常住在城镇的人口仅有 1.7 亿人，城镇化率还不到 18%。城镇人口在近 40 年间持续快速增加，1981 年突破 2 亿人，1990 年突破 3 亿人，1998 年进一步突破 4 亿人，2002 年和 2007 年先后超过 5 亿人和 6 亿人，2012 年和 2017 年先后超过 7 亿人和 8 亿人，2018 年超过 8.3 亿人。在 1995 年以前，农村人口呈总体增加的态势；而 1996 年以来，农村人口持续减少，已经从近 8.6 亿人的峰值下降至 2017 年的 5.7 亿人（见图 3 - 3）。常住人口城镇化率，1981 年超过 20%，1996 年超过 30%，2003 年突破 40%，2011 年突破 50%，2018 年已经十分接近 60%。也就是说，到 20 世纪第一个十年结束即"十二五"开局的时候，中国的城乡人口结构实现了根本性转变，超过半数的人口常住在城镇地区。

1978 年中国是农业国家，2017 年中国是后工业化国家。改革开放 40 年来，中国就业分布发生根本性变化。1978 年中国就业人口 4 亿，其中城镇就业 9514 万，占比 23.7%，乡村就业 3.1 亿，占比 76.3%；2017 年中国就业人口接近 7.8 亿，城镇就业 4.25 亿，占比 54.7%，乡村就业 3.52 亿，占比 45.3%。1978 年 2.8 亿人（占比 70.5%）在农业领域工作，第二、第三产业就业人数分别不到 7000 万、5000 万。2017 年中国 28.1% 的劳动者在第二产业部门工作，44.9% 的人在第三产业部门工作，农业劳动力占比 27%，下降了约 43 个百分点（见图 3 - 4）。

3. 人的素质有了本质提升

1982 年 15 岁以上人口平均受教育年限 5.3 年，2017 年为 9.6 年，劳动年龄人口平均受教育年限达到 10.5 年。[①] 义务教育全民普及，和高收入国家水平相当。2017 年大学毛入学率达 45.7%，相当于美国 20 世纪 80 年代水平，中国高等教育累计培育大学毕业生人数 1.04 亿（见图3 - 5）。

---

① 《波澜壮阔四十载　民族复兴展新篇》，《中国财政》2018 年 12 月 25 日。

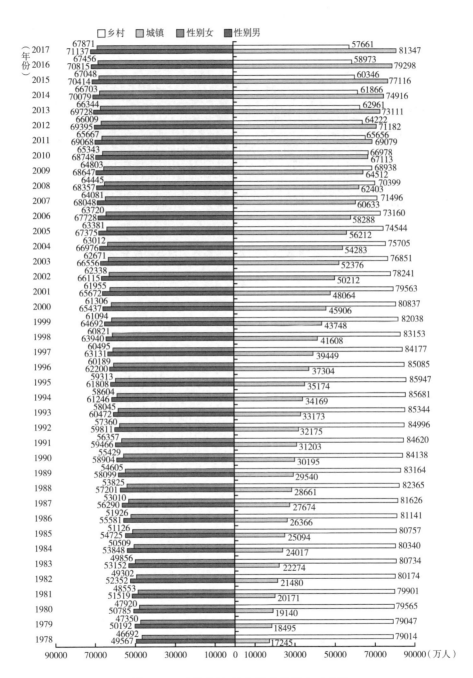

图 3 - 3　改革开放 40 年城乡性别人口变迁

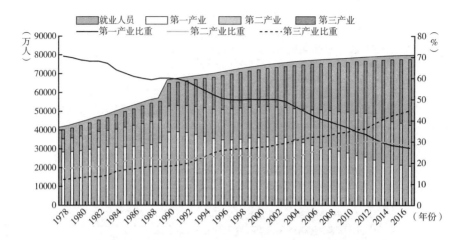

图 3 – 4　1978 年以来三大产业就业人数及构成分布

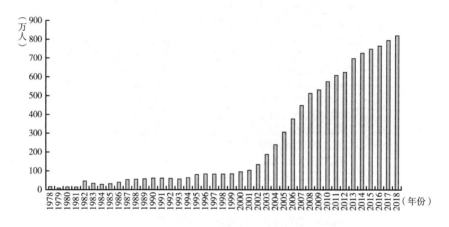

图 3 – 5　改革开放 40 年大学毕业生人数

（二）人与人之间的连接

人与人之间的关系过去几千年笼统地概括为统治与被统治关系、领导与被领导关系。工业革命和信息革命把人与人的关系复杂化、多样化，改革开放40 年中国经历了完整的工业化和深度网络化，人与人交流、交互、交易的方式和内容也发生了根本的变化。人的身份由单位人、公社人变成了家庭人和社会人，单位作为社会交往主空间，其福利保障的作用被彻底改变，2018 年中国基本公共服务体系已覆盖全民，公共文化空间、交流空间依托网络进行了全新的构建，社会治理主体、内容、目标、格局进一步明确，政府和社会、政府和市场的关系进一步理顺（见表 3 - 1）。

表 3 - 1 改革开放 40 年人与人之间连接方式和内容的变迁

类别	1978 年	2018 年
人的身份	单位人、公社人	自由人、社会人、职业人
人的家庭	大家庭、多子家庭	核心家庭、丁克家庭、非婚群体
人的福利和保障	单位保障、农村无保障	制度保障、全面覆盖
人的受高等教育机会	极低	普及化
人的行为自由度	听权威、领导、家长	网络制造权威、大咖、网红
人的信息交流	口口相传	全网传播
人的交互交易	实物为主、范围有限	服务交易普遍、便捷
人的社会活动内容	学雷锋等极少	多种多样
社会组织	无	300 万个以上
社会治理	无	系统化、法治化

（三）人占有的资源和地位

1. 人均财富激增 155 倍，贫困人口减少 7.4 亿

人均 GDP 由 1978 年的 385 元增长到 2017 年的 59660 元，按照当年价格计算增长 155 倍。改革开放 40 年来，我国由贫困发生率 97.5% 的普遍贫困走向了整体消除绝对贫困，2017 年贫困发生率只有 3.1%，贫困人口减少 7.4 亿（见图 3 - 6）。

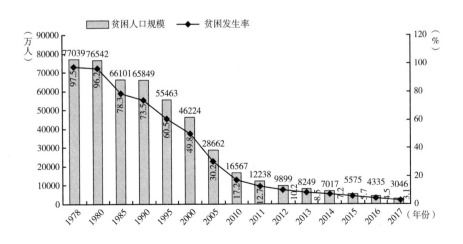

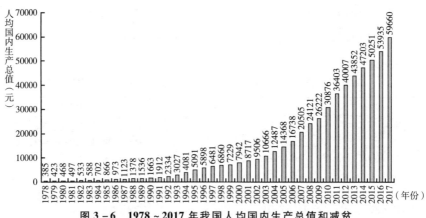

图 3-6　1978~2017 年我国人均国内生产总值和减贫

2. 资源配置多样化、多元化

1984 年以前中国城镇就业规模不到 1.2 亿个，只有两个类型的单位，72.6% 的人口在国有单位就业，其余在集体所有制单位上班。

改革开放 40 年来，中国的所有制结构发生了根本的变化，2017 年 4.3 亿城镇就业人口中，在国有和集体企业就业的只有 6470 万人，占城镇就业人口的 15%，仅占全部就业人口的 8%。随之而起的是其他工作类型，包括有限责任公司、股份有限公司、外资企业、港澳台资企业、私人企业和民营企业等多种所有制并存（见图 3-7）。

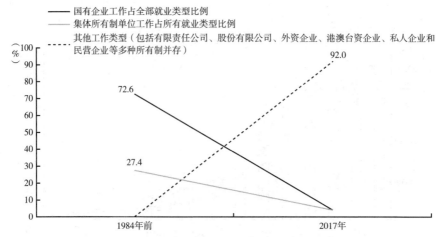

图 3-7　1984 年前和 2017 年城镇工作类型分布对比

（四）小结

1. 改革开放 40 年中国社会结构发生了翻天覆地的变化

改革开放 40 年中国社会结构发生了翻天覆地的变化，从一个年轻国家变成了一个加速老龄化的国家，由一个乡村国家变成了城市国家，由一个农业国家变成了后工业化国家，由一个欠发达国家变成了一个中高收入国家，从平均受教育年限 5.3 年变成一个大学毕业生人数超过 1 亿、劳动者受教育年限 10.5 年的人力资源大国（见表 3 - 2）。

表 3 - 2　改革开放 40 年中国社会结构变化

类别	1978 年	2017 年
人口总量	世界第一	世界第一
人口年龄结构	年轻国家	加速老龄化国家
城乡结构	乡村国家	城市国家
就业结构	农业国家	后工业化国家
人均财富	普遍贫困国家	中高收入国家
教育结构	低水平	人力资源大国
人与人连接	有限、低频、熟人圈	自由、高频、全网
资源配置	公有制、集体所有制	多种所有制、个体户
公共资源	少	全民覆盖

2. 中等收入群体成长迅速，但收入差距大、财富差距大现象突出

按照高收入国家现代化发展路径，中等收入群体规模一般占 60% ~ 80%，是较为理想的社会结构状态。据此比例，高收入国家约 12 亿人口，中等收入群体总量 7 亿 ~ 10 亿，发达国家美国人口最多，中等收入人口 2 亿左右。根据国家统计局测算，2017 年中国中等收入群体超过 4 亿人[①]，我国拥有世界上最大规模的中等收入群体，但尚未达到结构变化点，我们测算

———————

① 按照国家统计局测算标准一个典型的三口之家年收入落在 10 万元到 50 万元之间就属中等收入家庭。按世界银行的标准来看，中等收入标准为成年人年收入 3650 ~ 36500 美元，按照 1∶6.5 的汇率计算，折合人民币 2.3725 万 ~ 23.725 万元。

2013 年我国中等收入群体占 32%，2017 年占 34%，与社会中间阶层占人口比重 60% 的差距较大（见表 3 – 3、表 3 – 4、表 3 – 5、图 3 – 8）。①

表 3 – 3   2013 ~ 2017 年全国居民按收入五等分分组的人均可支配收入

单位：元

组别 \ 年份	2013	2014	2015	2016	2017
低收入户（20%）	4402. 4	4747. 3	5221. 2	5528. 7	5958. 4
中等偏下户（20%）	9653. 7	10887. 4	11894. 0	12898. 9	13842. 8
中等收入户（20%）	15698. 0	17631. 0	19320. 1	20924. 4	22495. 3
中等偏上户（20%）	24361. 2	26937. 4	29437. 6	31990. 4	34546. 8
高收入户（20%）	47456. 6	50968. 0	54543. 5	59259. 5	64934. 0

数据来源：中国统计年鉴。

表 3 – 4   2013 ~ 2017 年全国居民收入中产的划分界限

单位：元

年份	全距	中值	收入中产上限	收入中产下限
2013	43054. 12	25929. 49	36693. 03	15165. 96
2014	46220. 70	27857. 65	39412. 83	16302. 48
2015	49322. 37	29882. 36	42212. 95	17551. 76
2016	53730. 76	32394. 08	45826. 77	18961. 39
2017	58975. 54	35446. 19	50190. 08	20702. 31

表 3 – 5   2013 ~ 2017 年全国收入中产比重及其变化趋势

单位：%

年份	低收入	中收入	高收入
2013	58. 3	32. 4	9. 3
2014	56. 1	34. 3	9. 6
2015	55. 3	34. 9	9. 8
2016	55. 1	35. 0	9. 9
2017	55. 9	34. 4	9. 7

---

① 中等收入群体和中产阶层尚有差异。中等收入群体主要是从经济收入角度，对财产收入缺乏有效度量，存在一定失真现象，特别是中等收入群体生活成本高、社会压力大，所以很多人不认为自己属于社会中流砥柱阶层，缺乏社会学意义上讲的中产阶层的社会认同感和价值归属感。

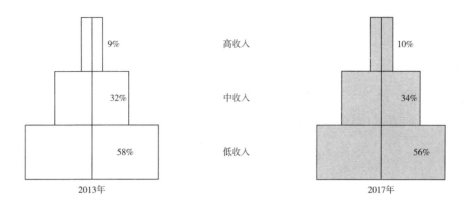

图 3 - 8　收入橄榄形社会结构演变趋势

收入不平等处于较高水平。2003～2016 年，我国居民收入基尼系数处在 0.46～0.50，处在收入差距较大的区间（见图 3-9）。发达经济体基尼系数在 0.24 到 0.36 之间，美国偏高，为 0.45。

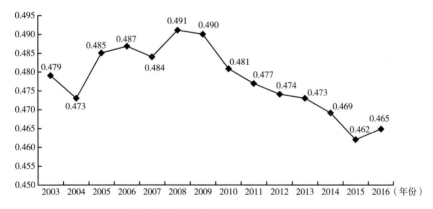

图 3 - 9　2003～2016 年我国基尼系数

同时，中国学者测算了最高收入与最低收入的差距，北京师范大学李迎生研究发现，收入最高 10% 人群和收入最低 10% 人群的收入差距，已从 1988 年的 7.3 倍上升到 2007 年的 23 倍。[1] 2009 年，世界银行发布了一份数

————————

① 李迎生：《中国社会政策改革创新的价值基础——社会公平与社会政策》，《社会科学》2019 年第 3 期。

据报告，最高收入 20% 人口的平均收入和最低收入 20% 人口的平均收入，这两个数字的对比在中国是 10.7 倍，而美国是 8.4 倍，俄罗斯是 4.5 倍，印度是 4.9 倍，最低的是日本，只有 3.4 倍。[①] 我们测算，2017 年我国低收入户人均可支配收入仅有 5958.4 元，不到高收入户人均可支配收入的 1/10，意味着相同人口的高、低收入户，收入总额却相差 10 倍左右，同样中等偏上收入户人均可支配收入也远高于中等偏下收入户。

财富不平等现象突出。根据中国家庭金融调查（CHFS）、中国家庭追踪调查（CFPS）和中国家庭收入调查（CHIP）三个相互独立的具有全国代表性的微观数据库的调查，中国收入前 10% 的家庭储蓄份额为 44% ~ 116%，收入前 25% 的家庭占有储蓄的 70% 以上（见表 3-6）。

表 3-6　中国家庭储蓄率的不均匀分布

单位：%

类别	CHFS 2017		CFPS 2014		CHIP 2013		NBS
	储蓄率	储蓄份额	储蓄率	储蓄份额	储蓄率	储蓄份额	储蓄率
收入前 1%	80.5	69.1	58.1	44.0	53.6	12.2	
收入前 5%	68.4	99.7	51.5	76.7	42.6	29.3	
收入前 10%	65.1	116.0	47.1	96.6	40.3	44.4	
收入前 25%	55.8	138.2	41.2	133.6	37.3	73.5	
收入后 50%	-99.1	-45.8	-63.4	-52.8	1.7	1.35	
储蓄家庭	58.8		45.3		74.6		
储蓄率 2016	29.1						28.2
储蓄率 2014			18.9				28.1
储蓄率 2013					27.3		27.8

资料来源：甘犁、赵乃宝、孙永智，《收入不平等、流动性约束与中国家庭储蓄率》，《经济研究》2018 年第 12 期。

二　中国社会结构演化水平

纵向比较让我们找到方向，横向比较让我们看清坐标。与高收入国家相比，中国的社会结构演化到底相当于什么水平呢？

[①] 肖斌、青觉：《当前中国群体性事件的政治学思考——基于亨廷顿政治稳定理论的视角》，《黑龙江民族丛刊》2010 年第 12 期。

（一）教育结构

1. 义务教育普及率达到高收入国家水平

教育对就业、人力资源提升、社会机会均等有重大影响。20 世纪 70 年代我国小学教育普及率已和世界同步（见表 3－7），"十二五"末中学普及率达到世界高收入国家平均水平。

表 3－7　历年主要经济体小学入学率

单位：%

年份	中国	日本	韩国	新加坡	中国香港	美国	德国	法国	英国
1971	106.22	99.32	105.01		118.16	88.83		116.03	103.95
1972	107.36	98.85	106.49		118.46	88.39		113.28	103.30
1973	114.41	98.32	106.34		118.32	90.67		110.82	102.55
1974	118.16	96.70	105.27		119.09	89.78		110.22	102.63
1975	120.91	97.78	104.42		120.36	89.57		109.67	102.81
1976	121.58	98.73	104.89		121.15	90.38		108.96	103.26
1977	117.05	99.17	103.40		120.69	90.56		108.90	103.69
1978	111.57	98.73	103.46		117.67	90.94		110.65	103.82
1979	110.55	98.97	104.73		114.17	90.46		111.65	104.04
1980	111.33	100.36	105.06		111.02	98.72		111.89	104.22
1981	113.04	99.54	105.45		109.38	98.44		111.24	103.85
1982	112.85	98.58	105.09		107.62	100.31		109.94	102.95
1983	113.02	98.25	104.65		106.97	98.88		107.74	101.74
1984	113.88	98.45	103.23		106.55	97.74		107.00	102.42
1985	118.96	99.36	101.93		105.32	98.08		106.82	102.67
1986	123.53	100.66	100.97		104.70	99.72		109.89	105.01
1987	127.91	101.14	101.69		105.32	100.97		112.37	106.67
1988	129.37	100.79	102.20		106.64			114.32	107.66
1989	129.09	100.41	103.60		107.40			114.37	107.33
1990	127.43	100.02	105.33		107.72	105.81		112.02	106.76
1991	123.58	99.30	105.24		106.11	105.11	101.42	109.38	105.41
1992	120.31	98.95	104.83		104.08		98.89	106.85	104.10
1993	116.70	98.84	103.85		101.13	103.68	100.55	104.66	
1994	113.36	99.52	103.68		98.15	102.89	100.14	104.89	

续表

年份	中国	日本	韩国	新加坡	中国香港	美国	德国	法国	英国
1995	110.55	99.83	103.30		97.52	103.88	101.09	105.13	
1996	107.35	99.48	102.89		97.42	103.33	102.29	105.72	
1997	105.26	98.55	101.82				103.78	104.75	
1998	105.62		102.74		96.98	102.41	105.22	104.87	100.73
1999			102.53			101.72	105.03	104.91	100.61
2000			100.59			100.73	105.12	100.43	100.30
2001	110.28		99.21			101.33	104.20	100.38	100.16
2002	114.66		98.90			99.88	102.41	100.25	99.75
2003	118.95		99.89			101.11	101.99	99.98	99.91
2004			100.23			101.25	102.78	99.81	105.83
2005			101.07			101.96	103.02	104.64	106.28
2006	105.47		101.69			102.20	104.13	104.28	104.98
2007	107.89		102.85			103.09	104.71	103.86	103.20
2008	109.65		102.81			103.23	103.95	103.62	105.09
2009	109.36		101.94			102.21	103.33	103.04	104.37
2010	107.46		101.70			100.33	102.94	102.76	104.75
2011	105.91		101.44			99.39	102.42	102.69	104.68
2012	105.23		99.67		103.00	99.17	102.14	102.52	106.53
2013	103.88	100.24	97.02		105.52	99.46	101.70	102.28	107.34
2014	99.20	99.54	97.04		108.30	99.67	101.46	102.10	107.56
2015	99.33	98.80	97.59		109.22	100.30	102.39	101.97	101.91
2016	100.85	98.24	96.99	100.77	107.19	101.36	102.98	101.99	101.41
2017	102.05				106.81				

数据来源：世界银行。

　　从中学入学率看，发展中国家/地区和发达国家差距很大。20世纪70年代中国、韩国和中国香港地区中学入学率都在40%左右，日本、美国普遍超过80%，英国、法国超过70%。1980年韩国和中国香港教育普及快速发展，韩国在1980年达到法国1971年水平，中国在2007年达到法国1971年水平。现在中国中学入学率已经达到世界高收入国家平均水平（见表3-8）。

表 3 - 8　历年主要经济体中学入学率

单位：%

年份	中国	日本	韩国	新加坡	中国香港	美国	德国	法国	英国
1971	37.74	84.99	39.00		36.20	83.98		74.31	76.50
1972	45.50	86.53	42.66		37.40	85.00		77.90	76.97
1973	51.56	88.32	45.87		39.20			80.95	77.31
1974	47.98	90.02	49.73		41.63	85.34		85.18	81.90
1975	48.42	91.07	53.54		45.29	85.39		83.35	82.08
1976	56.05	91.92	57.94		47.78	85.60		81.71	82.36
1977	56.88	92.68	62.10		50.89	85.68		82.71	82.32
1978	53.63	93.07	65.52		54.55	85.39		82.42	81.71
1979	49.57	92.95	69.58		58.67	78.84		83.00	81.32
1980	43.03	91.62	75.63		61.10	91.13		83.85	80.72
1981	38.93	92.93	80.98		63.72	89.78		84.43	80.90
1982	33.24	93.65	81.75		66.04	92.94		85.14	81.91
1983	30.49	93.74	83.47		68.34	93.01		86.52	83.16
1984	30.02	93.30	87.84		70.19	94.88		88.29	83.39
1985	31.42	93.61	90.03		72.28	93.80		89.85	83.53
1986	33.15	94.61	92.13		72.60	94.76		90.79	83.92
1987	35.35	94.40	94.32		73.42	95.02		91.89	83.62
1988	36.95	94.36	92.73		73.80			92.87	83.25
1989	37.20	94.46	92.99					94.50	83.33
1990	37.44	94.70	92.90			91.29		96.66	84.30
1991	39.69	96.74	92.23			91.32	99.11	101.20	87.49
1992	42.73	97.27	91.84				100.63	104.90	91.01
1993	45.47	97.02	93.82			96.23	105.34	105.51	100.93
1994	46.90	99.84	97.21			97.59	105.41	113.83	102.62
1995	50.41	99.63	98.72			96.40	104.66	113.91	103.03
1996	54.58	99.76	100.84		80.87	96.28	104.20	112.43	101.93
1997	56.97		99.24				103.99	111.23	99.76
1998			97.12			96.29	98.86	110.22	98.88
1999	59.75		96.31			95.26	99.01	109.30	101.10
2000	59.65		95.96			94.05	99.67	105.59	101.83
2001	59.72		95.61		79.37	95.15	100.25	104.57	101.73

续表

年份	中国	日本	韩国	新加坡	中国香港	美国	德国	法国	英国
2002	59.99		95.80		79.11	94.38	101.24	103.19	102.70
2003	61.85		96.48		79.15	95.06	101.60	102.77	102.06
2004			97.17		80.42	95.11	101.94	102.22	104.65
2005			97.04		81.58	95.07	102.09	106.78	105.38
2006	70.02		95.76		82.02	94.73	102.88	106.93	98.21
2007	75.02		95.18		83.94	95.08	102.08	106.69	97.21
2008	79.82		94.97		85.30	94.98	103.16	106.43	98.39
2009	84.01		95.90		86.18	95.22	103.03	106.24	100.27
2010	88.03		96.33		87.32	94.85	103.86	106.42	103.05
2011	91.08		96.91		85.90	95.99	103.66	106.61	93.95
2012	92.57		98.10		106.29	96.25	102.28	105.81	91.96
2013	95.03	101.54	99.96		100.62	96.19	101.43	104.38	124.54
2014		101.39	100.51		100.60	96.92	101.08	104.12	127.30
2015		102.14	100.20		101.43	97.65	101.06	103.42	125.49
2016		102.37	99.75	108.13	102.71	98.77	101.91	103.10	152.18
2017					104.44				

数据来源：世界银行。

2. 高等教育入学率与发达国家有 20 年到 40 年落差

高等教育入学率方面我国仍然处于较低水平，与其他经济体有较大差距。目前我国仅有 50% 左右，而中国香港、新加坡、韩国分别超过 70%、80%、90%。当前中国高等教育入学率相当于韩国、英国、法国 1996 年水平，美国 1980 年水平（见表 3-9）。

表 3-9　历年主要经济体高等教育入学率

单位：%

年份	中国	日本	韩国	新加坡	中国香港	美国	德国	法国	英国
1971		17.34	6.79		7.45	47.31		18.54	14.56
1972		19.02	6.98		7.69	48.18		19.63	15.44
1973	0.21	20.31	7.16		8.01	48.66		21.40	16.08
1974	0.34	22.04	7.36		8.67	49.03		22.21	16.74
1975	0.48	23.94	7.57		9.18	51.07		23.53	18.57

续表

年份	中国	日本	韩国	新加坡	中国香港	美国	德国	法国	英国
1976	0.57	25.89	8.31		10.00	54.74		24.69	19.20
1977	0.65	27.42	8.56		9.32	52.91		24.81	19.33
1978	0.72	29.82	9.21			53.36		25.84	19.11
1979	0.98	30.31	10.35		9.82	52.58		24.24	19.14
1980	1.14	30.47	12.44		10.05	53.54		25.13	18.83
1981	1.79	30.32	14.86			55.64		25.40	18.86
1982		29.85	19.07		10.74	56.90		26.89	18.94
1983		29.32	23.67		11.96	57.47		27.39	21.04
1984	2.00	29.17	27.72		12.69	58.28			21.06
1985	2.42	28.70	30.92			58.13		29.03	20.99
1986	2.96	27.65	33.40			59.29		29.57	21.50
1987	3.11	28.10	34.58			61.93		29.97	22.53
1988	3.10	28.84	35.13			64.63		30.93	23.30
1989	3.02	29.10	35.45			67.38		34.42	24.38
1990	3.01	29.36	36.51			71.05		36.97	26.46
1991	2.93	29.42	37.58			72.94	33.62	39.50	29.16
1992	2.85	29.58	39.17		17.96	77.53	35.39	42.84	33.20
1993	2.94		42.94		19.05	79.18	39.36	45.75	37.95
1994	3.68	37.98	44.55		21.27	78.86	42.42	49.53	42.78
1995	4.48	39.11	48.32			78.97	45.23	50.29	48.22
1996	5.01		53.74			78.59	46.83	52.17	50.05
1997	5.45		69.26				47.68	52.87	53.26
1998	5.95		66.54			71.65		53.14	55.53
1999	6.46		72.37					53.37	60.10
2000	7.62		76.68					50.60	58.47
2001	9.77		79.59					50.45	59.26
2002	12.51		82.17					50.25	62.57
2003	15.24		84.38		31.44			52.32	62.08
2004	17.44		87.50		31.94			53.46	59.37
2005	18.85		91.70		33.18			53.88	59.00
2006	20.04		97.03		34.14			53.88	59.08
2007	20.46		101.88		42.15			52.95	58.60

续表

年份	中国	日本	韩国	新加坡	中国香港	美国	德国	法国	英国
2008	20.67		104.02		54.88			52.48	56.80
2009	22.40		104.21		55.90			52.77	58.11
2010	24.05		102.76		59.07			54.88	59.18
2011	25.29		100.45		61.15			55.63	59.44
2012	28.04		96.64		60.36			57.91	59.84
2013	31.46		94.37		66.92	88.73	60.46	59.85	57.61
2014	41.28		93.42		68.73	88.63	64.18	61.77	57.27
2015	45.35		93.26		68.99	88.89	66.28	62.77	57.29
2016	48.44		93.78	83.94	71.78	88.84	68.33	64.44	59.41
2017	51.01				73.76				

数据来源：世界银行。

（二）就业结构

就业高级化面临着农业人口转移和服务业扩容的双重压力。就业结构受产业结构影响，我国的工业从业人口比重高于一般高收入国家，但和同为制造业大国的德国、韩国相当。未来一段时间应该保持稳定，从就业结构看，农业从业人口转移和服务业扩容压力不小。

1. 农业就业人数和比例偏高

农业从业人数较多。从 1991 年到 2018 年，中国农业从业人口占比从 59.70% 下降至 26.77%，平均每年转移 1% 的农业劳动力，但和高收入国家 5% 以下的农业从业人口占比相比差距还不小（见表 3 - 10）。

表 3 - 10　历年主要经济体农业从业人员占比

单位：%

年份	中国	日本	韩国	新加坡	中国香港	美国	德国	法国	英国
1991	59.70	6.73	16.37	0.28	0.81	2.78	3.30	5.33	2.08
1992	58.50	6.42	14.03	0.32	0.69	2.74	3.27	5.39	2.07
1993	56.40	5.97	13.48	0.24	0.64	2.59	3.26	5.46	2.05
1994	54.30	5.81	12.56	0.30	0.62	2.77	3.23	5.19	2.08
1995	52.20	5.70	11.77	0.24	0.57	2.75	3.17	4.89	2.05

续表

年份	中国	日本	韩国	新加坡	中国香港	美国	德国	法国	英国
1996	50.50	5.52	11.14	0.19	0.40	2.72	2.93	4.82	1.95
1997	49.90	5.37	10.77	1.00	0.33	2.62	2.94	4.64	1.85
1998	49.80	5.30	12.02	0.85	0.30	2.57	2.78	4.41	1.72
1999	50.10	5.21	11.34	0.90	0.30	2.46	2.87	4.24	1.55
2000	50.01	5.09	10.60	0.89	0.29	1.62	2.64	4.14	1.53
2001	50.01	4.91	9.96	0.88	0.22	1.51	2.62	4.07	1.39
2002	50.01	4.72	9.33	0.84	0.28	1.54	2.49	4.13	1.39
2003	49.10	4.68	8.81	0.85	0.22	1.50	2.42	4.25	1.25
2004	46.90	4.57	8.09	0.83	0.26	1.46	2.36	3.87	1.28
2005	44.80	4.49	7.94	1.07	0.26	1.41	2.37	3.64	1.38
2006	42.60	4.39	7.71	1.06	0.24	1.38	2.27	3.73	1.35
2007	40.80	4.29	7.37	1.04	0.18	1.29	2.26	3.45	1.37
2008	39.60	4.26	7.18	1.03	0.24	1.34	1.78	2.74	1.08
2009	38.10	4.22	7.01	0.75	0.22	1.35	1.68	2.93	1.11
2010	36.70	4.09	6.60	0.54	0.22	1.42	1.65	2.91	1.22
2011	34.80	3.98	6.37	0.53	0.22	1.45	1.64	2.91	1.22
2012	33.60	3.87	6.13	0.58	0.22	1.39	1.56	2.92	1.19
2013	31.40	3.74	5.98	0.57	0.22	1.31	1.45	3.08	1.06
2014	29.50	3.69	5.58	0.51	0.21	1.35	1.43	2.85	1.25
2015	28.59	3.64	5.11	0.47	0.22	1.43	1.39	2.74	1.14
2016	27.70	3.50	4.82	0.49	0.21	1.45	1.31	2.87	1.12
2017	26.98	3.44	4.78	0.47	0.21	1.43	1.28	2.63	1.16
2018	26.77	3.41	4.73	0.47	0.21	1.42	1.27	2.60	1.15

数据来源：世界银行。

2. 工业就业比例和德国、日本相当

我国工业从业人员比重，从1991年到2018年提升了约7个百分点，当前和德国、日本从业人员占比大体相当（见表3-11）。

表3-11　历年主要经济体工业从业人员占比

单位：%

年份	中国	日本	韩国	新加坡	中国香港	美国	德国	法国	英国
1991	21.59	34.59	35.95	35.16	34.89	25.48	36.15	29.13	30.06
1992	21.96	34.77	35.75	34.63	32.96	25.26	35.82	28.37	29.73

续表

年份	中国	日本	韩国	新加坡	中国香港	美国	德国	法国	英国
1993	22.86	34.44	34.02	33.88	29.80	25.19	35.24	27.51	29.39
1994	23.70	34.19	33.63	32.75	27.93	25.13	35.00	26.83	27.78
1995	24.56	33.70	33.44	30.96	27.00	25.02	36.00	26.94	27.42
1996	25.19	33.43	32.64	30.25	25.56	24.84	35.27	26.51	27.42
1997	25.21	33.26	31.43	30.55	24.18	24.67	34.67	26.56	26.86
1998	24.97	32.22	27.98	29.91	22.55	24.52	34.39	26.33	26.67
1999	24.54	31.86	27.51	29.28	21.14	24.37	33.83	26.30	25.81
2000	24.31	31.42	28.15	28.19	20.33	24.42	33.53	26.27	25.17
2001	24.02	30.70	27.48	26.31	19.36	23.74	32.78	26.03	24.64
2002	23.74	29.94	27.32	25.74	18.26	22.74	32.37	25.40	23.91
2003	23.91	29.54	27.61	25.67	17.11	22.45	31.38	24.14	23.34
2004	24.69	28.70	27.48	24.72	15.58	22.38	31.25	24.25	22.30
2005	25.41	27.84	26.85	22.53	15.07	22.28	29.84	23.78	22.22
2006	26.15	28.04	26.33	23.08	14.73	22.36	29.65	23.80	22.06
2007	26.61	28.21	25.92	23.38	14.14	22.13	29.90	23.32	22.19
2008	26.88	27.26	25.49	23.52	13.46	21.47	29.34	23.25	22.00
2009	27.19	26.26	24.50	22.68	12.27	20.04	28.80	22.67	19.61
2010	27.54	25.68	25.02	21.39	11.82	19.66	28.31	22.25	19.21
2011	28.15	25.79	24.85	20.26	11.85	19.74	28.24	22.17	19.18
2012	28.32	26.19	24.58	19.96	11.99	19.73	28.19	21.76	19.07
2013	28.87	26.19	24.52	19.30	12.04	19.97	27.78	21.31	18.86
2014	29.36	26.05	24.77	17.18	12.05	19.99	28.05	20.53	18.97
2015	29.16	25.91	25.20	16.86	11.79	19.87	27.69	20.38	18.66
2016	29.14	25.62	24.99	16.80	11.78	19.77	27.38	20.29	18.46
2017	28.98	24.63	25.07	16.70	11.77	19.73	27.40	20.49	18.24
2018	28.62	24.50	24.95	16.59	11.76	19.44	27.13	20.32	18.11

数据来源：世界银行。

3. 服务业从业比例偏低

我国服务业从业人员比重，2018 年为 44.61%，大致相当于韩国 1991
年水平，与高收入国家差距较大（见表 3 – 12）。

表 3 - 12　历年主要经济体服务业从业人员占比

单位：%

年份	中国	日本	韩国	新加坡	中国香港	美国	德国	法国	英国
1991	18.71	58.68	47.68	64.56	64.30	71.74	60.55	65.54	67.86
1992	19.54	58.81	50.22	65.05	66.35	72.00	60.91	66.24	68.21
1993	20.74	59.60	52.50	65.88	69.56	72.22	61.50	67.04	68.56
1994	22.00	60.00	53.82	66.95	71.45	72.10	61.77	67.98	70.14
1995	23.24	60.60	54.79	68.80	72.43	72.22	60.83	68.17	70.52
1996	24.31	61.06	56.22	69.56	74.04	72.44	61.79	68.67	70.63
1997	24.89	61.37	57.80	68.45	75.49	72.71	62.38	68.81	71.28
1998	25.23	62.48	60.00	69.25	77.15	72.91	62.83	69.26	71.62
1999	25.36	62.92	61.14	69.82	78.56	73.17	63.30	69.46	72.63
2000	25.68	63.49	61.25	70.92	79.38	73.96	63.83	69.58	73.30
2001	25.97	64.38	62.56	72.80	80.42	74.75	64.60	69.90	73.97
2002	26.25	65.34	63.35	73.42	81.46	75.71	65.15	70.47	74.70
2003	26.99	65.77	63.58	73.47	82.67	76.05	66.20	71.61	75.41
2004	28.41	66.73	64.43	74.45	84.16	76.16	66.39	71.88	76.42
2005	29.79	67.66	65.21	76.40	84.67	76.31	67.79	72.59	76.41
2006	31.25	67.57	65.96	75.86	85.03	76.26	68.08	72.46	76.58
2007	32.59	67.50	66.71	75.57	85.68	76.57	67.85	73.22	76.44
2008	33.53	68.48	67.33	75.45	86.30	77.20	68.87	74.01	76.92
2009	34.71	69.52	68.50	76.57	87.50	78.61	69.52	74.40	79.28
2010	35.76	70.22	68.38	78.06	87.96	78.92	70.04	74.84	79.57
2011	37.05	70.23	68.78	79.21	87.93	78.81	70.12	74.92	79.60
2012	38.08	69.94	69.29	79.46	87.79	78.88	70.25	75.32	79.75
2013	39.73	70.07	69.50	80.13	87.74	78.72	70.78	75.62	80.08
2014	41.14	70.26	69.65	82.31	87.74	78.66	70.52	76.62	79.78
2015	42.25	70.46	69.69	82.66	87.99	78.70	70.92	76.88	80.21
2016	43.16	70.88	70.19	82.71	88.01	78.78	71.31	76.83	80.42
2017	44.04	71.93	70.14	82.83	88.02	78.84	71.32	76.89	80.60
2018	44.61	72.09	70.31	82.94	88.04	79.14	71.60	77.08	80.75

数据来源：世界银行。

三　对当前中国发展阶段的判断

1. 我国正处在工业革命后期

经济发展以及产业结构变化是社会结构变化的根本原因。发达国家经济起飞阶段大致是 20 年，从经济起飞到经济成熟一般是 40～50 年，主要发达国家一般在 20 世纪初进入经济成熟阶段，一些结构指标呈现一致性。如各国服务业增加值占 GDP 的比重在 50% 上下是普遍现象，人口城市化率都达到 70% 以上，普通劳动力中基本没有文盲，大学普及率一般在 20%～30%。也有一些指标呈现特殊性，如农业劳动力比重，法国农业劳动力所占比例是经济成熟之后差不多 100 年才降到 5%，日本的农业就业结构调整也经历了比较长的周期。从产业结构、就业结构、教育结构比较分析来看，中国整体处在工业革命后期（见表 3－13）。

表 3－13　发达国家主要社会结构演变

指标	英国	法国	美国	德国	日本
经济起飞阶段	1783～1802 年	1830～1860 年	1843～1860 年	1850～1873 年	1878～1900 年
经济成熟阶段	1850 年	—	1900 年	1910 年	1940 年
人均 GNP(当年美元)					
1970 年	2217	2791	4857	3056	1940
1975 年	4142	6446	7390	6804	4520
1980 年	7920	11730	11360	13590	9890
1985 年	8460	9540	16690	10940	11300
1990 年	16100	19490	21790	22320	25430
服务业增加值占 GDP 比重(%)					
1970 年	53	—	62	48	47
1975 年	61	57	64	49	52
1980 年	55	62	64	—	54
1985 年	62	62	67	58	71
1990 年	—	67	—	59	55

续表

指标	英国	法国	美国	德国	日本
农业劳动力占总劳动力比重（%）					
1970 年	3	14	4	8	20
1975 年	2	11	3	5	16
1980 年	3	8	3	7	11
1985 年	3	7	3	5	9
1990 年	2	5	3	4	7
城市人口占总人口比重（%）					
1970 年	89	71	74	80	71
1975 年	90	75	75	83	75
1980 年	89	73	74	83	76
1985 年	92	73	74	86	76
1990 年	89	74	75	84	77
成人识字率（%）					
1970 年	97	99	99	99	99
1975 年	—	—	—	—	99
1980 年	—	99	—	—	99
1985 年	95	95	95	95	95
1990 年	95	95	95	95	95
大学普及率（%）					
1970 年	20	26	56	—	31
1975 年	17	24	58	20	25
1980 年	19	25	56	27	31
1985 年	22	30	57	30	30
1990 年	25	40	75	32	31

资料来源：何传起，《中国现代化报告》指标集。

2. 东亚等工业化国家经验证明，人均 GDP 从 1 万美元增长到 2 万美元有加速势能

亚洲等新兴工业化国家和地区的成长有后发优势。亚洲新兴国家和地区从人均 GDP 5000 美元发展到 10000 美元只用了 3~4 年时间，从 10000 美元发展到 20000 美元也有加速度（见表 3-14）。其产业结构、就业结构、城市化率和发达经济体呈现一致特征，所不同的是受教育水平更高，人力资源优势更明显。

表 3 – 14　近年来亚洲主要经济体人均国内生产总值

单位：美元

年份	中国	日本	中国香港	新加坡	中国台湾	韩国
1983	298.70	10332.86	5595.24	6712.85	2882.40	2180.55
1988	371.02	24897.77	10609.75	9316.09	6337.50	4686.32
1989	409.09	24814.59	12097.78	10711.19	7577.05	5736.47
1992	423.03	31343.83	17975	16135.93	10725.70	8002.15
1994	472.65	39224.15	22504	21577.84	12108.75	10206.75
2011	5582.89	48168.81	35142	53167.70	20911.64	24079.79
2012	6329.46	48632.91	36733	54432.20	21269.61	24358.78
2013	7080.83	40490.16	38404	56028.80	21887.99	25890.02
2014	7701.69	38143.11	40316	56338.30	22638.92	27811.37
2015	8166.76	34513.36	42431	53628.76	22358.02	27105.08
2016	8113.26	38917.29	43739	52960.73	22453.43	27538.81
2017	8480.65	38281.58	46189	51431.32	24027.68	29114.72
2018	9146.85	39308.31	48722	52457.44	24555.84	30059.53

数据来源：中国统计年鉴。

3. 中美冲突不足以打乱中国发展进程

（1）中美冲突时美国国内社会矛盾激化的反应。

收入停滞。2011 年斯蒂格利茨在《名利场》杂志上发表了《百分之一——其人、其行、其利》，文章披露了 99% 的美国人都在一条停滞的船上的社会现实，后来成为占领华尔街运动的口号"我们是那 99%"。根据斯蒂格利茨测算，普通美国家庭生活水平不如 25 年前，贫困线以下的人口比例在增加。种族隔离减少的同时经济隔离大大增加就是美国的现实。

机会渺茫。据布鲁金斯学会研究，近 25 年只有 58% 出生在社会底层的人生活有所改善，只有 6% 移动到社会上一阶层。教育没有成为平等的工具反而成为阶层固化的帮凶。美国孩子的人生前景对其父母收入和受教育程度的依赖远远高于其他发达国家。斯坦福大学社会学者肖恩·F. 里尔登发现，相比 25 年前出生的富人和穷人的孩子，2001 年出生的孩子学习成绩的差距拉大了 30%～40%。政府提供支持的州立学校近些年反而减少了穷人孩子受教育的机会，同时即使破产也很难还清助学贷款的债务。

阶层固化。美国哲学家马修·斯图尔特指出美国正在进入第三次阶层固化浪潮。他用"盖伦比曲线"来解释这一判断，盖伦比曲线由基尼系数和代际收入弹性构成。根据测算，美国的社会阶层固化是发达国家中最严重的，社会财富差距最大。美国的阶层固化不是通常人们所认为的，0.1%的顶级富豪占据了美国财富的大头，在90%的普通人和0.1%的顶级富豪中间有一个精英阶层或新权贵阶层，他们掌握的财富比其他所有美国人总和都多，但他们喜欢把自己伪装成新中产阶级，这批人的净资产平均在120万～1000万美元，他们垄断了美国的教育、医疗、就业资源，甚至通过影响政府的政策制造隐形天花板。斯图尔特认为，美国现在的阶层固化程度，跟镀金时代（20世纪20年代）相当，社会已经到了危险的临界点。

（2）全球化对高收入国家和中国发展的作用不同。

西方国家工业革命和社会结构变化经历了100多年，在产业化、城市化、现代化进程中是教育的普及化、就业的高级化（体面就业比重）、消费的低差异化和收入的合理化。同时，西方国家在工业化进程中同步解决了城镇化问题。发达国家胜于其他经济体的关键：第一，从人的层面看，人的素质比其他经济体显著提升；第二，人与人之间关系有明显优化，这在消费和收入的维度有更好的证明。其形成了极少数超级富豪和不到10%的社会精英及70%中等收入群体的橄榄形社会。相对公平和公正的社会结构使西方国家进入了几百年领先发展的态势。

主要国家向工业化转型经过了百年孕育，并且在全球化背景下实现，其主要是工业化巨大制造能力的需要及其匹配的要素市场与消费市场的配套和吸收。工业化有双重制约，一个是经济起飞条件，二是市场规模。由于人口规模和消费能力，历史上发达国家的现代化、工业化、城市化与国际化是高度同步的，实际上互为条件，这种互相依存的国际关系既是生产条件，也是消费市场，链条相对脆弱，外部影响因素多、强度大。现在世界25个发达经济体的总人口12亿，中等收入群体按照60%测算，和中国城市人口规模相当。由于国内市场不足，后发展的国家需要进入发达经济体的内部，甚至成为其中一员是完全没有主动权的，这实际上是世界上大多数国家在中等收入陷阱中难以自拔的关键。中国有巨大的市场规模，全球化是中国发展的加速推动力，中国产业结构完善，在全球化过程中是功能全面提升，而不是部分功能提升，所以中美冲突有可能加快，但不会打断中国发展进程。

第二节　当代中国治理阶段性问题和目标

一　不平等风险处在可控区间

社会治理最大的风险是不平等引发社会结构的扭曲。我国城乡之间、东西之间、南北之间由于自然条件、社会经济条件，甚至制度文化等诸多方面存在较大差异，在社会结构演变过程中也会呈现不同特征，收入结构、消费结构、职业结构、教育结构也会大不相同，尤其是城乡之间和东西之间差距更明显。

（一）人口城镇化水平取得突破性进展，但城乡二元结构依然明显：城乡收入差距1/3、消费差距1/2的基本格局40年没有本质变化

城乡人口方面，改革开放以来，我国城乡人口结构不断变化，城镇人口不断增加，农村人口不断减少。1978 年，城镇人口占比仅有 17.92%；2011年，城镇人口占比首次超过农村人口；截至 2017 年，城镇人口占比达58.52%（见图3－10）。

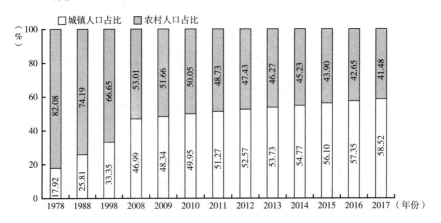

图 3－10　改革开放以来我国城乡人口结构演变趋势

城乡收入差距方面，改革开放以来，我国城乡居民人均可支配收入一直保持较大差距。改革开放之初，1978 年城镇居民和农村居民人均可支配收入分别为 343.4 元、133.6 元，2017 年城镇居民人均可支配收入达 36396.2 元，但是农村居民人均可支配收入仅有 13432.4 元，仅为城镇居民的约 1/3，城乡居民收入差距较大（见图 3 – 11）。

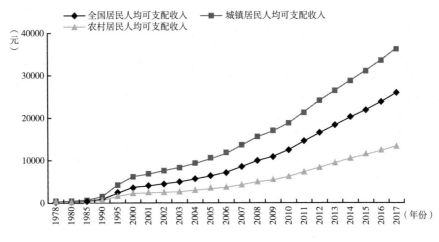

图 3 – 11　我国城乡居民人均可支配收入演变趋势

城乡消费差距方面，近年来我国城乡人均消费支出稳步增长，但是差距较大，农村居民人均消费支出不到城镇居民的一半（见图 3 – 12）。

图 3 – 12　我国城乡居民人均消费支出演变趋势

城乡职业结构方面，从统计上看，目前我国农村人口的职业主要为农民，城乡职业结构与城乡人口占比较为一致。2013 年之前，我国城镇就业人员占比较少，乡村就业人员占比较多；2014 年城镇就业人员超过乡村就业人员；截至 2017 年，城镇就业人员占比 54.69%，乡村就业人员占比 45.31%（见表 3-15）。

表 3-15　我国城乡人员就业结构

单位：万人，%

城乡就业结构	2013 年	2014 年	2015 年	2016 年	2017 年
城镇就业人员	38240	39310	40410	41428	42462
城镇就业人员占比	49.68	50.88	52.17	53.38	54.69
乡村就业人员	38737	37943	37041	36175	35178
乡村就业人员占比	50.32	49.12	47.83	46.62	45.31

（二）"十四五"时期城乡结构有可能初步形成新的均衡

改革开放前，城乡之间几乎不存在人口的大规模流动，可以称为城乡结构的"超稳定均衡"。改革开放打破了这个均衡状态，到 20 世纪 90 年代中期以前，城镇人口持续快速增加，农村人口总体增加；而 20 世纪 90 年代中期以后，城镇人口出现了明显快于之前的持续大幅增长，农村人口则持续大幅减少——似乎是，城乡结构一直在寻找新的均衡，但始终没有出现。

"十四五"时期，城乡结构有可能初步形成新的均衡。一方面，城镇化将进入减速期。从国际经验看，当城镇化率达到 60% 以后，持续快速的城镇化进程将明显放缓。从近期出现的趋势看，城镇人口、转移人口和农民工的年度增量在缩减，进城农民工的总量出现了净下降，农村留守儿童也因为父母返乡而明显减少。潜在经济增长率进一步下行，中美贸易摩擦带来的国际经济环境趋紧，也会限制城镇吸纳转移人口的新增能力。可以预见，"十四五"很难继续保持年均 1 个百分点的城镇化率提升速度。另一方面，乡村振兴将取得新的成果。根据中共中央、国务院印发的《乡村振兴战略规划（2018—2022 年）》，到 2022 年，乡村振兴的制度框架和政策体系将初步健全，现代农业体系初步构建，农民收入水平进一步提高，农村基础设施条件和人居环境改善，城乡融合发展体制机制初步建立。到那时，人口从乡到城的大规模单向流动有可能发生重大转变，分别居住在城镇和农村的居民家庭将呈现逐步稳定下来的态势。

（三）东、西①绝对差距依然很大，近五年差距缩小趋势明显，最为显著的是西部受教育水平的大幅度提升

绝对收入差距不小，相对差距出现缩小态势。2013 年，东部地区人均可支配收入是西部地区的 1.7 倍，2017 年差距缩小到 1.66 倍，东、西收入差距有所缩小，但人均可支配收入相差数额有所扩大（见图 3 - 13）。

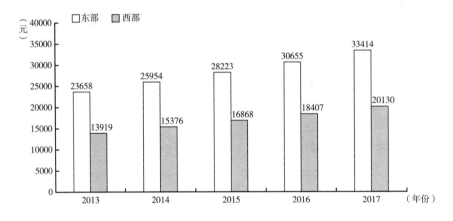

图 3 - 13　我国东、西部居民人均可支配收入演变趋势

消费差距也呈现缩小趋势。2013 年，东部地区人均消费支出是西部地区的 1.59 倍，2017 年差距缩小到 1.54 倍，东、西消费差距有所缩小，但是人均消费支出相差数额有所扩大（见图 3 - 14）。

---

① 根据《中共中央、国务院关于促进中部地区崛起的若干意见》《国务院发布关于西部大开发若干政策措施的实施意见》以及党的十六大报告的精神，我国东部地区包括河北、北京、天津、山东、江苏、上海、浙江、福建、广东、海南10个省区市，西部地区包括内蒙古、广西、重庆、四川、贵州、云南、西藏、陕西、甘肃、青海、宁夏、新疆12个省区市。

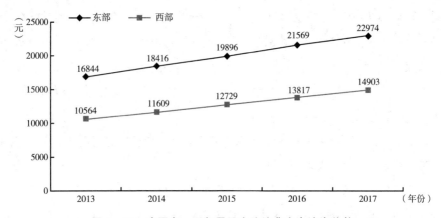

图 3 - 14　我国东、西部居民人均消费支出演变趋势

东部教育结构优于西部，2009 年初中、高中、大学在校学生数占比都高于西部。到 2017 年，西部地区教育结构出现明显优化的趋势（见图 3 - 15、图 3 - 16）。

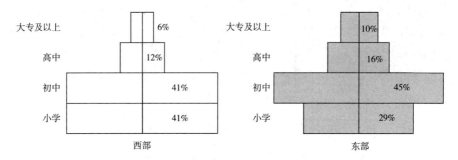

图 3 - 15　2009 年东、西部地区教育结构

（四）南、北①差距尚未影响社会结构显著变化

最近两年互联网上对南、北差异有所加大进行了很多讨论，从收入、消费、教育结构看差距不显著。

---

①　根据秦岭—淮河一线,把我国划分为南北地区,南部包括江苏、安徽、湖北、重庆、四川、西藏、云南、贵州、湖南、江西、广西、广东、福建、浙江、上海、海南16个省区市,北部包括山东、河南、山西、陕西、甘肃、青海、新疆、河北、天津、北京、内蒙古、辽宁、吉林、黑龙江、宁夏15个省区市。

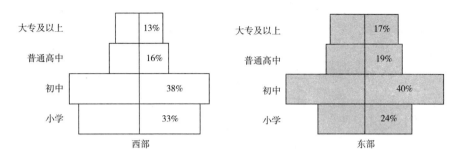

图 3 – 16　2017 年东、西部地区教育结构

收入方面，近年来我国南北地区人均可支配收入稳定增长，且差距较小，南部地区人均可支配收入略高于北部地区（见图 3 – 17）。

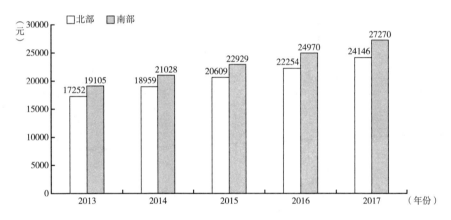

图 3 – 17　我国南、北部居民人均可支配收入演变趋势

消费方面，近年来我国南北地区人均消费支出稳定增长，且差距较小，南部地区人均消费支出略高于北部地区（见图 3 – 18）。

教育方面，2009 年，我国北部地区教育结构优于南部地区，代表高等教育的大专及以上学生人数占比高于南部地区，代表低等教育的小学人数占比低于南部地区。到 2017 年，南北地区教育结构都有所优化，高中、大专及以上学生占比都有所提高，北部地区高等教育水平依然高于南部地区，低等教育水平低于南部地区，北部地区教育结构一直保持优势（见图 3 – 19、图 3 – 20）。

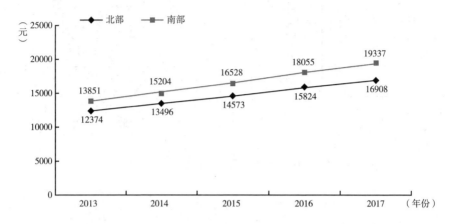

图 3 – 18　我国南、北部居民人均消费支出演变趋势

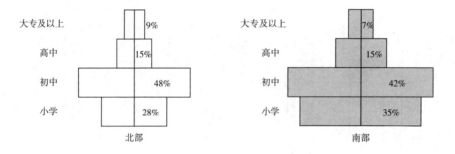

图 3 – 19　2009 年南、北部地区教育结构

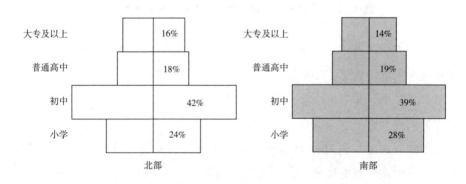

图 3 – 20　2017 年南、北部地区教育结构

（五）"十四五"中国社会结构性问题——制度不公平视角

1. 资源配置不平等

与民生密切相关的公共服务领域，底线没守住的问题依然存在。根据"十三五"中期评估，义务教育领域按照教育部门的建设标准，全国仍有18351 所学校未达到"底线要求"，其中小学 15108 所、初中 3243 所。部分农村学校对配置的教学、生活设施设备疏于管理，新补充装备的教学仪器设备使用率较低。一些农村学校未在教学、生活区配备消防设备，未设置明显的疏散标志，存在安全隐患。教育、医疗、养老问题连续多年都是"两会"民意调查中社会最关切的三个问题。上述三大领域依然存在着明显的城乡、地区投入差距和质量差距。

从"十三五"中期评估的情况看，城乡差距依然较大。如辽宁省城市社区养老服务设施覆盖率达到 86.6%，而农村社区养老服务设施覆盖率为54%，农村公共服务供给不足、质量较低的问题还普遍存在。基本公共服务质量存在着地区差距和省际差距。反映基本公共服务体系建设情况的覆盖率类指标、义务教育巩固率指标的省际变异系数在 5% 以内，但反映服务水平和质量效益的指标、义务教育均衡县比例的省际变异系数接近 20%。在地区差距凸显的同时，省内差距普遍存在。不论是经济发达的省份，还是欠发达的省份，省内差距对基本公共服务均等化的负面影响都有超过省际差距的态势。公共服务质量的差距受地区经济发展和财政收入不平衡以及财政体制因素的影响。

2. 流动人口面临公共服务市民化的不平等待遇

改革开放 40 年，我国城乡人口结构实现了根本转变。1978 年，我国9.6 亿总人口中，82% 是农村人口，2011 年城镇人口突破 50%，2018 年 8.3亿人生活在城镇，已经十分接近 60%。可以预见，2019 年，中国的城镇化率将进一步突破 60%，提前实现《新型城镇化规划（2014—2020 年）》的常住人口城镇化率目标。

40 年来，转移人口完成了"生产市民化""消费市民化"的生产和生活方式转变，但依然受到户籍约束，享受有差异的公共服务待遇。户籍城市化率和常住人口城市化率在 2018 年相差 16.12 个百分点。

"十四五"时期依然是中国经济增长跨域中等收入陷阱的关键时期，制度落差虽存在，但不会引发社会稳定性风险。

二 缓解社会普遍焦虑，建立社会理性预期是当前重要的社会治理任务

社会结构性风险中社会不平等对结构的冲击最大。根据对当代西方主要国家社会风险的归纳分析，社会上升通道关闭，阶层流动固化，受教育机会丧失，多数人收入和生活水平相对下降的综合作用促使社会风险爆发。我们对中国上述方面进行测量发现，中国虽然有收入和财富差距较大问题，但受教育、创业机会和上升通道及收入都在改善，不会出现重大系统性风险。但多年累积的群体性问题如农民工市民化、老龄化问题，都需要投入更多资源来解决。同时，互联网时代社会冲突的爆发也有新的特征，群体性危机也可能由个体风险引发，另外成长中的中等收入群体缺乏社会认同和身份认同，也需要积极、有效的社会政策介入，而长期以来我们的社会政策都以利益调整为重点，如何进行"三观"植入，增强"三感"体验，增强凝聚力和文化兼容力，对社会治理将是全新的挑战性难题。

（一）焦虑类型

现在社会上普遍存在三个维度上的共性焦虑：第一个维度是机会焦虑，第二个维度是能力焦虑，第三个维度是制度焦虑。

首先来看机会焦虑。从 20 世纪 80 年代的农村生产力解放，到 90 年代的市场经济、2000 年前后的下海浪潮，再到 2015 年启动的创业创新，中国政策红利是呈波段的，往往是一步没赶上，步步赶不上，所以大家对机会的关注度是最高的。市场上的技术红利似乎也证明了这一点，选择比努力重要，踩准了节奏的人往往获得了更大的商业成功。其助推了快速变化转型社会中的集体焦虑，使年轻人、创业者和中产阶级普遍存在投机心态。即大家不能在变现之前确定哪一个是机会红利，而又怕错失机遇，看不清未来，担心机会流失，最后弄得身心俱疲。

第二个维度是能力焦虑，就是对能力不足的担心。本领恐慌覆盖很多阶层，包括企业转制过程中的下岗分流人员、"4050"就业困难群体、大学生、再就业企业高管等。这样形成了一种终生学习的社会氛围，大家时刻注重提升自己的技能和能力，打有准备之仗，这种准备更多地反馈到思想认知层面，就会形成由于变化太快，跟随成本很高的本领恐慌。

第三种制度焦虑是对未来不确定性的焦虑。最突出的表现为对子女教育的焦虑和对生病及养老照护的焦虑。虽然中国实行了普遍的义务教育，并且义务教育的普及程度已经达到发达国家的水平，但是质量差距依然是非常明显的，为了争得优质的教育资源，家长投入了巨大的资源、精力，这又产生了新的差距以及对机会不平等的解读。对教育投入的焦虑影响绝大多数家庭，子女教育支出占据了家庭消费的重头，同时吞噬了家庭休闲时间。另一个焦虑来自养老，养老保障程度还不高，其中最大的难题是养老服务质量不能满足人们的基本需求。生病时不仅是个人自付比例较高，而且看病难、看好病更难在一定程度上困扰着大多数中国人。所有不确定性问题的有效缓解办法是花钱，这又助长了拜金主义。

（二）建立社会理性预期

如何缓解集体性转型的不良反应，减轻集体焦虑，需要建立起社会理性预期，理性预期对于整个社会来讲是一个营造共识的过程。

首先需要建立全民覆盖的基本公共服务制度，其次确保未来发展路线图清晰可实现，最后将民族梦和个人梦关联起来。

形成对经济社会双轮驱动发展模式的认知。社会是创造需求的重要力量和形成社会信用的必要空间。①通过信用建立对未来的预期，构成资本市场健康发展的底层逻辑，通过预期影响社会中各种角色的决策，从而影响经济短期发展和长期发展动能。②通过交流互动形成共识和基本判断，是创造需求的重要一环，需求创造实际上是价值塑造的过程，服务业的发展具备很大的空间，但一直不能形成很好的市场模式，就是缺乏一个社会认同环节，因此潜在需求就没法形成有效需求。③人是经济社会最重要的连接纽带，人同时扮演生产者和消费者的双重角色。在工业社会中，人在经济体系中扮演投入要素，在社会体系中扮演再生产要素；而在现在的信息社会、智能社会中，人在经济体系中扮演创新要素，按照原有的、培养工业化劳动力的统一模式培养人才，已经不能支撑产业升级和转型需要，造成经济系统的效率下降和低水平发展。④人的再生产不再是经济发展的自然结果，其包含众多价值和文化选择因素，已经成为社会可持续发展值得关注的重要方面，而老龄化、少子化是对社会可持续发展的重要挑战。综上，社会已经在经济发展过程中起到举足轻重的作用，社会发展本身就构成了经济增长的重要空间。

因此，以经济社会双轮驱动取代经济为主、社会为辅的发展模式可以拓展发展空间、减少系统目标不联动消耗，从根本上改变政策碎片化现状。

三 形成共建共治共享的社会治理新格局

党的十九大报告明确提出，在 2020 年到 2035 年基本实现社会主义现代化强国的过程中，要基本形成现代社会治理格局，使"社会充满活力又和谐有序"，呈现"共建共治共享"新模式。

（一）形成社会共识

共建共治共享对公民、社会组织、企业、各级政府要求很高，需要形成社会共识的最小公约数。

政府要切实转变管理社会的思维模式和行为方式，虽然我们已经多次重申向服务型政府转型，"放管服"改革力度也非常大。但在社会领域还有政府负责、兜底就要全盘控制、全面规范、全盘标准化、给予经费支持等很多过时的想法。向目标管理、绩效管理转型还需要政府放低身段，建立和多元社会主体深度对话、有效沟通的机制。

社会组织要切实树立起社会信任，以专业的能力推动公益的事业，取信于民、取之于民、用之于民，建立全流程的透明公开运转机制。

企业要把社会责任作为品牌建设的重要环节，把社会责任看成企业可持续发展的投资。

总之，全社会各主体要形成一些基本共识。虽然社会竞争是长期存在的，但更美好的社会不是丛林社会，每个人、每个组织的一点善意善行都是社会进步的推动力量。

（二）激励社会自觉行动

社会和谐有序、富有活力是全社会所有人的责任。每个人的努力都是重要的，每一份付出都是值得的。

自觉的公益是社会进步的重要推动力量，也是社会活力的重要标志，公益和志愿者行动不仅对社会有益，也是组织建设、团队建设的好抓手，同时还是个人成长进步的能力培训基地。

（三）形成社会正能量组织网络

正能量是多维度的。用科学精神武装全部的文化产品、娱乐产品，让科学思维成为社会公民的底层思维工具。鼓励所有科学家、专家、专业领域科研人员把科普作为重要工作之一，科普不是普及科学常识，是训练科学严谨思维，是精英影响社会、建设社会的重要阵地。

鼓励国家智库、社会智库、高校智库发挥更大作用，支持它们在专业领域、行业领域建设规范、专业、有预见性的社会监测预警模型、平台，支持广泛的学术交流和传播。

支持行业协会、学会、基金会、各类社会组织的创新发展，适度开展混合型公益和收益型组织试点，支持它们探索自身可持续的发展机制。

（四）为美好社会赋能

政府应该扩大购买公共服务的领域，扩面准入主体，简化管理历程，突出目标导向，为各类社会组织和主体发展赋能。可以考虑政府公共服务基金会和社会领域开发银行模式，将资源配置的权力市场化运作，提升效率，政府切实做好目标管理和绩效评价。

第三节　聚焦社会治理目标

社会治理的目标是维护社会稳定，具体而言是在社会秩序和社会活力之间寻找平衡区间。社会治理能力表现在两个方面：一个是社会治理成本的高低和社会秩序的好坏，同等条件下社会治理成本越低则治理能力越强；反映社会治理能力的另一个重要方面是社会应急状态下的社会动员能力和重建能力。

一 社会治理的目标

（一）社会政策的本质是赋能和兜底

社会治理本质上不是问题导向，而是目标导向。其要解决的不是利益分配问题，是较长发展周期的社会资源、资本的优化配置问题，是面向未来的发展能力和潜力的人本、人文投资问题。

社会政策要兜底。兜什么底？第一，公平公正的底。政策输出为特定目标群体的生存权提供无条件支撑，如精准扶贫，一个都不能落下。第二，最大公益的底，如全民免费的义务教育、基本均等的公共卫生服务。第三，中国国民与世界公民的底，政策输出要达到政策效果，政策效果不是利益的平均分配，而是权利获得的同时感触、强化的国家民族自豪感、人类命运共同体的认同感，是人的行为或态度上的实际变化。

（二）社会治理目标服从于国家治理体系目标

社会和经济是一个硬币的两个方面，经济发展是社会进步的动力，社会稳定有序、有活力是经济发展的条件。因此，要始终推进经济社会融合发展。国家治理体系是保持经济社会等各个方面进步的制度体系，社会治理体系是国家治理体系的有机组成部分，社会治理目标服从于国家治理体系目标。社会治理的目标是维护社会稳定，具体而言是在社会秩序和社会活力之间寻找平衡区间。

（三）社会治理目标通过社会治理政策落实

社会政策层次要清晰而坚定。元政策是价值观、是方法，体现文化基因、价值判断标准，是本质规定性。基本政策是战略性、主导性的政策目标和方案，带有时代特征和阶段目标，具体政策是由执行部门制定或组织实施的行动方案、行动步骤。

元政策是"关于政策的政策"，具有排序价值功能、选择方向功能、规定程序功能，是"如何正确地制定公共政策和有效地执行公共政策"的认识论和方法论。元政策侧重于价值陈述，它为所有的政策提供价值评判的标准。

基本政策则侧重于目标陈述，为相关范畴内所有具体政策规定的总目标，具有权威性、广泛适用性、相对稳定性和整体性。

具体政策是实现基本政策的手段或具体规定。基本政策要按照项目评估效率和产出，进行阶段性评估、规律性修订和调整，元政策则要广泛传播，成为国民行动自觉和价值标准。

二　提升社会治理能力

社会治理能力是对社会各类风险和问题的快速判断和解决能力，集中反映在各类社会突发事件、灾害事件、意外事件的快速处置和疏解上。现代社会系统越来越复杂，以问题应对模式建构社会治理机制不可避免会出现系统庞大、效率低下问题，因此重要的是形成一整套制度运行机制，贯彻系统治理、依法治理、综合治理以及源头治理四大原则，把问题及危机消灭在萌芽状态。奥斯本和盖布勒在《改革政府》（或译《重塑政府》）一书也提出"有预见性的政府"主张，习近平总书记也强调领导干部要有"大数据思维"，创新社会治理。提升社会治理能力应从以下三个方面入手。

（一）建立社会良性运转的多主体理性行为机制

建立全面信用体系，确保所有社会人的行为真实记录和呈现，为自我管理、自我教育、自我服务提供可信平台。对机构信用和负责人的自然信用进行匹配，防止各种为恶者和投机者做"变色龙"和"金蝉脱壳"。在此基础上，对职业操守和全民绩效进行意外识别，发现反社会行为表现，分析机理，挖掘原因，进行教育、经济和法律干预，建立全社会人的行动自觉机制。

（二）建立科学的宏观决策机制和中观运行机制

建立科学、有效、全面整合的信息平台，推动数据共享和数据挖掘，建立新型动态科学决策机制；研制并运行社会发展的监测体系，将社会发展综合评价指标体系纳入政府决策和绩效评估过程中，构建社会稳定的预警系

统，实现数字化监测、评估、智能预警；建立政府"条""块"联动融合机制，推动政策融合落地。

（三）建立高效协同的应急响应机制

采用物联网技术对影响经济社会发展的自然环境及气候变化进行全天候信息采集、整理、评估、预警预报。健全各种突发事件应急管理机制，将责任落实到人，提高政府、社会和大众的危机应对和处置能力。

第四章
简化社会治理政策：聚焦关键矛盾和问题

社会治理要以目标导向为主，目标导向和问题意识双管齐下。目标导向强调价值整合、政策融合。问题意识切中关键环节和主要问题。

第一节　社会治理对象的再认知：社会生态中的社会系统

社会是一个复杂巨系统的生态。它的组成要素是人，人的个性和多样性及规模化产生各种差异，构成系统生态多样性的基础。社会关系和关联的广度、深度、频度是一切社会组织、社会行动、社会行为、社会判断与选择、社会分层形成的根源。经济发展强调效率，社会发展强调公平，在社会系统中经济社会融为一体，可以简化为交易成本来度量，一个社会人与人信用度高，社会连接成本低、频度高，表现为交易成本低、经济效率高。

一　第一维度：个人

社会是由个人构成的，传统的社会分析认为社会是由社会细胞构成的，社会细胞指家庭、企业、社会组织、媒体等，网络时代的到来改造了社会的组织模式，使个人的作用被放大。

如何认识人？包括四个层次。①人类是有共同价值的，这使得在认知、文化等不同维度形成基本一致判断有了可能。②人是不一样的，一些人具有使命感和责任感，一些人无所事事，没有目标，大多数人对自我发展的认识是不清晰的。③人性是需要激励和惩戒的，激励采用自我价值实现、社会价值实现、文化认同、利益认同等不同方式方法，但对不同类型的人来讲不同方法的激励强度和有效性是不一样的，总的原则是对于有使命感的人给他自由，让他自由发挥；对于大多数人来讲，给他教育、利益促动、文化带动，给他机制，引导他在实现个人价值的同时不损害社会价值或增加社会价值；对于没有目标、没有努力意愿的少数人，提供娱乐游戏等消费，让他们不做危害社会的事。④人本是有差异的，这包括人的天赋、能力、偏好以及在社会中不断积累的各种资源禀赋。

社会把自然人改造成社会人，社会政策的重要性在于其选择改变的方向。首先，社会应该给每个人以尊重，个人在社会中发展的空间是社会文明进步的标志，尊重什么？要尊重那些由人本决定的方面，如禀赋、偏好、资源、选择。其次，政策对社会的改造不是无能为力的，要符合时代进步趋势，人和人、人和团队、人和组织、人和平台正在同时开展多种多样的合作与交流，这种合作与交流顺畅的程度、发生的成本对系统效率及演化很重要，降低交易成本和摩擦成本需要促进人与人合作、促进社会的广泛参与，这是社会政策可以作为的；同时，人经过训练学习可以掌握技术、技能，提升效率，这是政策可以作为的另一个重要空间。社会如何对每个人产生影响，主要通过教育，教育支出在 2017 年占财政支出的 15.7%，教育有两个重要方向：一是传承知识、技能、文化，提升人力资源效率和能力；二是形成人与人合作的普适性接口机制，包括积极、主动、付出、参与等基本素质，使社会参与更容易实现，这实际上是传统中国文化教育的重心，增强社会凝聚力和合力。

二　第二维度：社会连接

社会连接用社会学的概念叫作社会关系。从经济社会系统角度看，连接包括三个环节：①参与，社会创造了丰富多样的参与机制，参与形成合力，产出效率、价值、自我实现、情感满足等；②交易交换——表面上是钱的流动，背后是社会认同在多大范围、多高强度内产生并发展；③形成各种组织和平台等多元社会生态，效率效益导向的组织发展，政策要予以鼓励，社会融合导向的社会创新，政策要予以支持，自娱自乐的服务要准许存在。

借用迈特卡夫定律，网络的价值与网络使用者数量的平方成正比。社会连接的广泛性、深度和密度决定了社会的价值。一切经济社会活动都在社会连接这个维度得以展开、演化和发展。

三　第三维度：社会系统演化目标

社会系统演化的过程是经济和社会两者融合的过程，融合程度越高，系统效率越高，越有活力和竞争力。衡量二者融合程度的指标就是交易成本，一个交易成本低的社会就是一个实现了公平与效率互动的社会。经济体系创造效率，社会体系创造公平，经济体系提供供给，社会体系创造需求，经济体系需要创新要素，社会体系培养创新要素。判断一个社会或者国家的经济社会融合程度可以采用三个指标，即较高的经济增长速度、较低的交易成本、较高的幸福感或满意度。

第二节　社会治理政策考虑的三项基本原则

一　增量（供给）

政府是社会规则的供给者，是市场秩序的维护者，是重要标准的创造者，是社会保障制度和公共服务制度的设计者，具体社会服务项目提供都应由竞争市场、相对稳定市场（事业单位）、半开放市场（民非、社会组织）提供，政府的责任是通过制定服务标准、评估服务质量、设计服务的支付和制度来体现，政策落地有三种类型。第一，投入资源、培育新需求，需要注意的是市场能识别的需求、能提供的供给政府不应该介入，介入会产生挤出效应，市场不能提供的、不能独立提供的，政府应该设计适度的政策工具，创造需求。第二，市场供给和需求长期错位与错配的原因是潜在需求没有变成现实需求，特别是在公共服务的一些领域，如高质量的养老服务，何为高质量？高质量是否就是高价格？哪些机构是值得信任的？这些新市场形成之初需要政策参与制定服务标准和服务规范、采集服务主体信用、对价格做出引导，促进供需对接，政策不应该短视。第三，对由政府承担举办责任的领域进行改革和创新，放宽准入，提升效率和服务多样性，扩大选择余地。

二 增信（预期）

社会保障和公共服务支出的成本是巨大的，不能仅仅作为成本项考虑，必须改变观念，投入就要产出，社会政策的产出就是社会信用的增加、社会预期的稳定。如一老一小问题，教育、养老方面虽然都有一定的政策设计，但服务质量低、保障程度低、教育产出和大众预期偏差很大，没有起到稳定预期的作用。在国家财力有限、社会难以支持过高人力成本的时代，需要新的制度安排。

三 增能（人才）

社会发展的根本动力是人的潜力不断变成能力、变成生产力的一个过程，人才培养有两个方向：一个是增加合力，另一个就是不断提升个人的能力。社会发展的空间基本等于社会人的平均能力。社会政策的两大重点领域就是教育和文化，教育提升人的能力、素质，文化形成向心力和凝聚力。

第三节 社会治理三条主线

社会治理要善于抓住关键，即社会发展过程中的主要矛盾和矛盾的主要方面。在社会发展过程中有三大主要矛盾：①阶层矛盾带来的身份和利益冲突，主要表现为劳资纠纷；②收入和能力差异形成的社会落差；③公权和民权冲突。西方国家的社会治理主要制度就是围绕这三大关键问题发力的。

一　化解阶层、身份冲突并确立灵活解纷机制

马克思认为："人们所争取的一切，都同他们的利益有关。"由人们在社会中占有生产资料的差异，而形成的社会分工和经济地位差异，具有阶层（阶级）性。当代西方国家阶层冲突虽然不以暴力的形式展现，但依然是社会矛盾和社会冲突的焦点问题。劳资矛盾的化解经历了激烈冲突、罢工和灵活解纷机制的变迁。灵活解纷的重点是劳资纠纷。澳大利亚、英国、德国、日本等国都做了不同的探索。美国联邦政府成立了一个独立的内阁级劳工部，承认劳工有组织工会的权利，并通过国会立法确保工会免于反垄断的起诉。[①] 劳资双方之间和官方、资方、劳方三方之间形成定期和不定期的对话协商制度。非诉讼纠纷解决机制得到广泛实践，成为化解矛盾与缓和冲突的主要手段。

二　化解收入、能力差异的高质量公共服务

尽管不同发达国家在社会保障水平上存在差异，但都将改善民生、增进国民社会福利作为政府的重要职责，并不断增加保障内容、扩大保障范围，逐渐从过去的补缺型社会福利模式向普惠型社会福利模式转变。[②] 法国民众从出生到死亡受到400多种福利的保护。美国、英国、德国的社会福利支出占 GDP 的比重分别为 21%、25.9% 和 27.6%。美国的福利重点在于贫困家庭，包括医疗救助和贫困家庭子女上学，政府为其提供多种形式的资助。英国的难民也享受高福利。正是由于社会公共服务的筑基作用，收入和能力差异带来的社会阶层分化没有产生激烈的社会冲突。

三　化解公权和民权冲突的社会治理机制再造

如何化解公权和民权的冲突？西方国家的做法是在理念上推行多元参与

[①]　谢国荣：《美国工业时代的社会转型与治理》，《决策探索》（下半月）2014 年第 8 期。
[②]　黄家亮、郑杭生：《学习国外社会治理的基本经验》，新华网。

和合作共治。在机制上，政府向市场和社会放权，构建小政府大社会的治理体制，保底是建立社区治理体系。通过几十年的探索和实践，以美国为代表的西方国家较好地解决了公权和民权冲突问题。

"多元参与合作共治"的理念自 20 世纪 80 年代以来逐渐被接受。这一理念包括以下要点：第一，突破政府与市场的二元对立或单一主导，重视政府与市场之外的第三部门即社会领域的作用；第二，强调"参与式治理"，即国家力量与社会力量、公共部门与私人部门以及公民个人等多元主体共同参与社会治理；第三，强调"多中心治理"和"协作式治理"，政府、市场、社会三大主体不再是支配与被支配的关系，而是基于共同利益和目标的"伙伴式关系"，在地位平等的基础上通过协商、合作来解决问题。① 理念具体落实到行动机制上，形成新的治理体制。

政府向市场和社会放权，构建"强政府—大社会"的治理体制。例如，从 20 世纪 70 年代末 80 年代初开始，欧美掀起了一场社会福利改革运动，一个普遍做法是将大量社会服务项目推向市场，或者在社会服务中引入市场运作理念。政府与非营利组织协作，政府通过直接补助、减免税费、购买服务等多种方式对这些组织进行扶持，而这些组织则提供了大量政府做不到、做不好或不便做的社会服务。

注重发挥社区作用。美国、加拿大等国形成了政府组织指导与监控、社区组织和民间团体主办、企业在社区内通过市场机构提供优质服务的社区治理体系，包括完整的社工服务制度，很好地支撑了社会自治与发展。

第四节　社会治理工作三个重点

社会治理的根本在于每个人在社会中的体验，是否能得到安全、尊重、自我实现、社会实现。不同发展水平和不同发展模式提供的社会服务、社会

---

① 黄家亮、郑杭生：《学习国外社会治理的基本经验》，新华网。

福利及保障组合不同，但其本质有共通之处。

中国的社会政策建构主要进展是 2000 年以后，以基本公共服务八大民生直接相关领域为制度骨架，体现了人本发展的逻辑，抓住了发展的根本，但有两个问题：一是基本普惠保证了公平，但保障程度有限，体验感不强，和发达国家比较总体有很大差距，在一些具体项目中，经济发展水平落后于我们的国家也可能比我们的保障水平高，形成心理落差；二是基本公共服务全面铺开后，力量分散，主线不够清晰，社会感知和体验不理想。

一　建立以个人信用为基础的全社会信用管理服务体系

（一）完善信用立法

很多国家以立法确认了公民必须在各项社会活动中遵守诚信原则。加拿大法律规定，在选举、商业活动、雇佣关系、学术研究中，都要遵守诚信。1912 年《瑞士民法典》规定："任何人行使权利履行义务，均应依善意为之。"所谓善意，就是要以诚实、信用为基础。美国用《公平信用报告法》（FCRA）、《平等信用机会法》、《公平信用结账法》、《诚实租借法》和《公平债务催收作业法》等 16 项法律构成了国家信用体系的法律环境。德国《商法典》（HGB）规定，成立公司必须在地方法院通过公证进行商业登记注册。商业登记包括公司形式、地址、注册资本、工商注册号、法人代表、主要股东等内容。商业登记簿可公开查阅。《破产条例》规定，企业破产必须到当地破产法院申请，并对企业和消费者破产的条件、程序做出规定。德国《民事诉讼条例》对债务人名单的建立、公布和销毁做了明确规定。无偿还能力者可到地方法院做代替宣誓的保证，地方法院将此记录在债务人名单内，并在全德范围内予以公布。有关个人信用的负面记录保留三年，消费者三年内无权享受银行贷款、分期付款和邮购商品等信用消费。①

---

① 梁国亮：《国外社会如何构建诚信体系》，《学习时报》2016 年 2 月 18 日。

（二）完善信用管理体系

完备的信用管理体系，包括信用记录和评分（级）、信用社会应用、无处不在的失信惩戒。瑞士建立了全面的数据采集系统。经济社会中个人的负面信息，如消费者拖欠、赖账、避债破产及犯罪记录都会被采集录入。德国建有全民信用数据库，储存了所有德国居民的各类信用信息，信用体系采用0～100分的评分制度打分，分数越高信誉度越高。美国不仅有着完善的个人征信、评信组织机构，而且信用信息已开始市场化运作。信用局是美国个人征信评信机构，是个人信息的采集、整理、评估、发布机构。信用局是私营机构，独立于政府和其他组织为信用信息的使用者提供服务，政府对它只进行立法规范。信用局必须保持第三方独立性，如果与政府或企业及其他组织走得太近，它的公平性就会受到质疑，同时其信用产品、信用报告和信用评分如果与实际不符，也会被人质疑其质量而被市场淘汰。美国的三大信用局和1000多家地方信用局收集了1.6亿成年人的信用资料，每年出售6亿多份信用报告。为保障个人信息不被滥用，针对信用产品的销售使用，法律明确规定：到信用局调用他人信用资料需得到被调用人同意或司法部门授权。

加拿大除了建有完备的金融采信、授信制度外，还建有白卡制度。"白卡"是由加拿大政府人力资源部核发的社会保险卡，是对个人信誉的社会化管理。"白卡"对于个人在社会活动中的不诚实行为进行记录，包括欺诈、偷盗、赖账、打架、种族歧视等都会被记录下来。上学、就业、买房、买车、出国都要出示"白卡"，一旦有不良记录，申请者多半会失去各种机会。因此，遵守和维护自己的诚信，是在加拿大生活的必要条件。加拿大银行涉及个人的呆坏账很少，低于5%，贷款按揭买房、买车的还款率很高。在经济活动中约有一半买卖交易是在不签约的情况下进行的。这不仅因为社会已形成良好的习惯，还在于"白卡"这种社会信誉管理制度。

（三）严厉的失信惩罚

不诚信和欺诈行为，会受到严厉的法律制裁、面临高额的罚款。正如加拿大法律：如果你不诚实乃至于欺骗，你就要为此付费。挑战诚信后果会很严重。德国《反不道德支付法》规定，客户在收到账单 30 天后或在账单规定的付款截止日后 30 天仍未付款，债权人可加收超过银行贷款利率 5％ 的滞纳金。如客户在收到连续三次催账警告后仍置之不理，债权人可向地方法院申请强制执行。在德国，若一个人乘公交车逃票，在应聘时会因为诚信问题很难被录用。在瑞士，乘坐公交车、火车，无票或买短途票乘长途车，会收到高额罚单；未按规定进行垃圾分类，乱停车阻碍他人出行，达到一定程度，将被邻居视为"没有信守保持良好居住秩序的约定"，可能被房东扫地出门，再想租到房也非常困难；对未诚实履行纳税义务的公民，地方政府有权向社会公布他们的姓名，由此承受来自社会方方面面的压力，可能被企业辞退、贷不到款，甚至亲朋也对其冷眼相看。

（四）全民全生命周期的诚信教育

信用体系的基础是良好的教育。教育学生成为一名诚实的公民远比通过课程考试重要得多，这是很多国家的教育办学理念，学校不仅是传授知识的地方，也是道德教育的重要场所。美国从幼儿园起就重视对孩子的诚信教育。波士顿大学教育学院设计的基础教材突出诚信教育。面对中小学生，以有趣的故事来传递诚信理念，向学生讲解"最大限度的诚实是最好的处世之道"的谚语，让学生制作诚信标语在教室里张贴。在瑞士，公德教育深入人心。谈及子女教育问题时，绝大多数瑞士人都表示，子女将来成就什么大业并不重要，最重要的是他们能够做到遵纪守法、正直善良。尽管瑞士有完善的国家信用体系和严格的法律保障，但这一体系的根本则是全体公民的公德意识，是全体公民的自觉自律。

在日本，"诚实"是很多学校的校训。诚信教育贯穿学生学校生活的始终，直到大学毕业。家长也很配合学校的教育，不许孩子说假话。到了社会上，说假话仍被认为是最大的问题。在日常生活和工作中，如果被认为说了假话，就会失去人们的信任，被人瞧不起。在日本，造假是一件比坐牢还严重的事情。工作之后，"诚信"是普遍的经营理念。

日本公司还会有企业伦理教育。很多企业的经营理念都是"诚实"，"诚实"是许多企业和企业家的座右铭。

德国则更加重视家庭中的诚信教育，父母是孩子道德教育的启蒙者，家庭是道德教育的重要场所。德国教育法中明确规定：家长有义务担当起教育孩子的职责。父母会以身作则教导孩子，比如带孩子过马路，没车也不闯红灯；带孩子坐无人检票的公交车，教孩子学会上车前主动买票；给孩子建立银行账户，从小不赖账；与别人约会前，在笔记本上记录下时间，做到准时赴约。

加拿大人的诚信习惯，主要来自从幼儿园、中学到大学的诚信教育，以及家庭成员的正面影响。在幼儿园，老师以讲故事、做游戏、参加集体活动等多种方式培养孩子的诚信习惯。在教育孩子的过程中，表扬遵守规则者，批评或惩罚撒谎者。在中学和大学，诚信教育受到高度重视，学生考试作弊或抄袭论文，将面临取消考试成绩、不能毕业的危险，还要将其记入学生档案，导致今后在社会上难以找到好工作。所以在加拿大学生从小就被教育：诚信比成绩更重要。

公务员和高校学术管理从严。公务员和高校学术诚信是社会诚信的特殊人群和特殊领域，对全社会诚信有重大影响和引领作用，因此许多国家有严格的规定。

公务员诚信方面，加拿大、澳大利亚、韩国和欧洲各国颁布了道德法典。1978 年美国国会通过《美国政府行为伦理改革法案》，韩国 1981 年颁布《韩国公职人员道德法》，日本 1999 年通过《日本国家公务员伦理法》。这些严密的法律、法规体系成为公务员遵守诚信的有效制约机制。廉洁度较高的国家还对政府公务员进行诚信记录和考察。新加坡实行公务员公积金制度，公务员到正常离职或退休时未发生失信于宣誓承诺的行为，可获得一笔可观的公积金，保其后顾无忧；如果公务员任职期间诚信上出现问题，其公积金必须上缴国库。

高校学术诚信方面，加拿大著名学府圣力嘉学院在学校行政政策中有专设的学术诚信条款，学院在行政政策第九款专门规定了学术诚信。规定首先开宗明义，提出为保证持续输送高质量的学生，保持学院学术领先，必须有高标准的学术诚信。学术诚信包含最广泛的范围，覆盖方方面面，学院不接受任何不诚信的学术行为，也将对其做出惩戒。不诚信的学术行为包括但不限于：欺骗、剽窃、伪造作假、假冒。规定定义了常见的不诚信行为：剽窃。为避免此行为，学校有专门的检测软件工具对学生作业论文进行检测。为便于学生自我检测，学生作业会被上传至网络数据库中，与已经存在的其他作业进行比对，雷同的作业会被系统自动找出。规定还详细列明了违反诚信后的处罚措施和程序。对于处罚不服可以申请复议。所有的证据和违背学术诚信的情况都会被存档。学院给予学生毕业证、学位证及其他资格证必须基于高质量的教育，这种高标准综合包括各方面，这样就能保证学院的良好声誉和用人者对学生和学校的尊敬。美国大学制定了学生学术诚信条例，对考试作弊、论文抄袭等学术不诚实行为，从定义、表现形式到申辩程序与处罚规则都做了详尽规定。联邦政府在"廉洁与效益总统委员会"下设"科研不端行为工作组"。加拿大、英国、澳大利亚、韩国与日本虽未设官方机构，但通常由资助科研的研究理事会或基金会制定规定，调查和处理学术不端行为，对违规者决不姑息。

西方发达国家普遍的治理理念认为，社会的道德水平乃至社会风气不是由社会榜样所代表和引领的，在现实中社会道德与风尚更多的是由社会负面行为、反面典型所决定的。从治理的角度看，对于普通民众首先是不让他们做坏人，然后才是促进他们做好人。所以，公众管理和教育的重点是设置底线，打击越线，以规范社会行为，引领社会风气。①

二   建立人的全生命周期成长支持公共服务体系，支持人的全面发展

回顾改革开放 40 年来教育的进步、政策供给和制度设计，我们能发现很多前瞻的战略考量和务实的推进政策，教育领域先后出台了 5 部法

---

① 梁国亮：《国外社会如何构建诚信体系》，《学习时报》2016 年 2 月 18 日。

律（1986 年《义务教育法》、1994 年《教师法》、1995 年《教育法》、1996 年《职业教育法》、2016 年《民办教育促进法》，其中《教育法》在 2009 年和 2015 年进行了二次修订）、4 个重要改革发展规划类文件（1985 年《中共中央关于教育体制改革的决定》、1993 年《中国教育改革和发展纲要》、1999 年《面向 21 世纪教育振兴行动计划》、2010 年《国家中长期教育改革和发展规划纲要（2010—2020 年)》)，在义务教育、农村教育、民办教育和职业教育等当前关切的主要领域都有及时而重要的制度安排。从各个阶段面临的问题和教育系统提出的解决方案来看，教育发展的路径是明确的，取得的成绩是巨大的，教育政策方向是明晰的（见表 4 - 1、表 4 - 2)。

表 4 - 1　教育制度里程碑文件梳理

阶段	主要问题	应对	作用
1977～1992 年	教育无序人才奇缺	①恢复高考、派遣留学生，高度重视人才；②教育改革和目标重建，提高民族素质，多出人才，出好人才；③教育秩序恢复，国家实行 9 年义务教育	为经济发展提供人力支撑，解决人才短缺问题
1993～2003 年	教育经费来源问题	①分账制，义务教育经费保障县政府责任主体；②教师工资和编制紧密连接、地方政府财政保障；③教育市场化	市场化改革成为政策选择，教育做出适应性改变，要发展，要找钱
2004～2012 年	教育均等化问题	①农村教育、贫困地区教育保障能力建设；②困难家庭、学生求助	公共服务不能缺位，是政府的职责，补短板
	教育质量问题	③加强教师队伍建设；④教育督导	教育质量提升的关键抓手教师和监管
2013 年至现在	教育满意度教育与需求匹配结构问题		以满意度为度量准则，初步完成了有没有的问题，要解决好不好的问题

表 4－2 中国改革开放 40 年主要教育制度安排

阶段	时间	标志文件	重要制度安排
1977～1992 年：教育恢复发展和教育改革初步探索	1977 年		恢复高考、派遣留学生，大学生就是人才
	1985 年	《中共中央关于教育体制改革的决定》	提高民族素质，多出人才、出好人才
	1986 年	《中华人民共和国义务教育法》	保障适龄儿童、少年接受义务教育的权利，保证九年义务教育制度的实施，提高全民族素质
1992～2003 年：市场经济条件下，教育改革发展的大胆探索	1993 年	《中国教育改革和发展纲要》	
	1994 年	《中华人民共和国教师法》	
	1995 年	《中华人民共和国教育法》	2009 年 8 月 27 日、2015 年 12 月 27 日，进行了两次修订。促进了教育的改革与发展，建立了具有中国特色的社会主义现代化教育制度，维护教育关系主体的合法权益，为加速教育法制建设提供了根本的法律保障
	1996 年	《中华人民共和国职业教育法》	实施科教兴国战略，发展职业教育，提高劳动者素质，促进社会主义现代化建设
	1999 年	《面向 21 世纪教育振兴行动计划》	
	2001 年	《国务院关于基础教育改革与发展的决定》	提高基础教育总体水平，全面贯彻党的教育方针，大力推进基础教育的改革和健康发展
	2001 年	《关于制定中小学教职工编制标准的意见》	加强了中小学编制管理和教职工队伍建设，提高教育教学质量和办学效益
	2002 年	《关于进一步加强农村基础教育改革的决定》	
2004～2012 年：教育普惠发展与公平推进	2004 年	《中华人民共和国民办教育促进法实施条例》	允许国家机构以外的社会组织或者个人利用非国家财政性经费举办各级各类民办学校
	2004 年	《国务院关于进一步加强农村教育工作的决定》	在国务院领导下，全面深化农村教育改革实行"由地方政府负责，分级管理，以县为主"的农村义务教育管理体制
	2005 年	《关于大力发展职业教育的决定》	解决职业教育发展不平衡，投入不足，办学条件比较差，办学机制以及人才培养的规模、结构、质量还不能适应经济社会发展需要的问题

续表

阶段	时间	标志文件	重要制度安排
2004～2012年：教育普惠发展与公平推进	2010年	《国家中长期教育改革和发展规划纲要（2010—2020年）》	提出今后10年教育改革和发展的战略目标：到2020年，基本实现教育现代化，基本形成学习型社会，我国将进入人力资源强国行列
	2012年	《国务院关于加强教师队伍建设的意见》	深入实施科教兴国战略和人才强国战略，进一步加强教师队伍建设，为教育事业改革发展提供有力支撑
	2012年	《教育督导条例》	保证教育法律、法规、规章和国家教育方针、政策的贯彻执行，实施素质教育，提高教育质量，促进教育公平，推动教育事业科学发展
党的十八大至今，教育综合改革全面深化	2013年	《中共中央关于全面深化改革若干重大问题的决定》	深入推进管办评分离，扩大省级政府教育统筹权和学校办学自主权，处理好政府、学校、社会之间的关系，建成政府适度管教育、学校规范办教育、社会科学评价教育的和谐健康发展的新环境
	2014年	《现代职业教育体系建设规划（2014—2020年）》以及《关于加快发展现代职业教育的决定》	加快发展现代职业教育，建设现代职业教育体系，实现职业教育与技术进步和生产方式变革以及社会公共服务相适应，促进经济提质增效升级
	2016年	《民办教育促进法》	明确营利和非营利分类管理框架，为深化教育综合改革，促进民办教育健康发展提供了法律保障
	2017年	《关于深化产教融合的若干意见》	深化产教融合，促进教育链、人才链与产业链、创新链有机衔接。提出要"鼓励企业以独资、合资、合作等方式依法参与举办职业教育、高等教育。允许企业以资本、技术、管理等要素依法参与办学并享有相应权利"

　　基本公共服务八大领域不宜平均用力，教育在公众感知层面、未来发展层面和财政投入层面具有覆盖性高、影响持续一生、从业人数众多的特征，教育本身不仅是政府的责任，也是家庭和全社会的责任，当前的教育垄断问题比较突出，高等教育的质量问题、义务教育的僵化问题和职业教育的错位问题都很突出，政府教育投入大、人民满意度不高，需要做四项调整。

（1）教育目标不是灌输知识，而是支持人的全面发展。

（2）教育以能力提升为核心考察目标，应该大规模缩减教学内容，以习替教，以练代考。

（3）教育评价应以中长期为主，避免短期化、碎片化、功利化。

（4）以人的生命周期发展需要规划教育路径，教育适度向市场开放，满足多样性和个性化发展需求。

三　建立人的全生产周期健康支撑服务体系，支持人的广泛参与和连接

中国的大健康已经上升为国家战略，健康战略在中国至少要兼顾三个目标：一是农业食品安全与营养领域，其内涵是社会信任问题，其外延是健康转型发展问题。二是预防和健康管理与中医药文化融合发展问题，大健康之本是延长健康预期寿命，提升人力资源质量，原来卫生医疗的核心是解决生病的痛点，延长出生预期寿命和健康预期寿命之间的长度，第一种延长渐进、缓慢、符合个人和国家整体利益，第二种延长有力量、有效果、符合人的惰性，因此全球都面临着健康发展观的转型和落地问题，中医药不能作为一个产业发展因素来考虑，要从文化和价值选择出发重新形成健康管理服务的新价值和体验。三是在发展过程中解决医疗保险和健康维护的关系问题，现在发达国家医疗卫生总费用占 GDP 的 10%，个别国家如美国超过 17%，这部分消费如果通过健康管理升级，发挥多健康消费、少医疗消费的作用，能极大缓解国家财政和医保风险。

第五章
创新社会治理——政策融合

社会治理具有全局性、基础性、广覆盖性，适合作为公共政策整合平台。社会治理效果好不好，主要看社会中个人、企业、社会组织等是否运转得有效率、有成就感，社会为社会主体提供的基本秩序和成长空间，所以评估的核心是社会多元主体的满意度。政府的关键作用是制定平台规则，推动平台良性生态形成。宏观政策、微观政策、社会政策是一个有机整体，虽然各有侧重，政策内容需要融合，各实施主体、责任单位需要协同，社会治理就是政策融合、部门协同的公约数。

第一节　创新社会治理政策融合经验

一　40年减贫成为国际典范

1978 年按照当时的市场汇率计算，我国人均国内生产总值 155 美元，不到当时撒哈拉沙漠以南非洲国家平均数的 1/3。从全世界的排名来看，人均 GDP 在 200 多个国家当中排名倒数第三。1978 年中国贫困线以下人口 7.7 亿，81% 的人口居住在农村，全国 84% 的人每天的生活费用低于 1.25 美元的国际贫困线。截至 2017 年，中国人均 GDP 已达 9460 美元，步入中等收入的较高水平发展阶段。需要脱贫人口只有 3046 万人。

回头看世界，根据联合国人类发展指数报告，全球有 8.54 亿人长期遭受贫困和营养不良，超过 10 亿极端贫困人口每天生活费不足一美元，每年有 560 万儿童死于贫困有关的疾病，11 亿多城乡居民喝不上清洁饮用水，26 亿人缺少基本的卫生设施。从扶贫效果看，中国扶贫领域取得了巨大的成绩。

（一）扶贫目标统筹最关键

扶贫目标是扶人，将精准扶贫落实到贫困家庭，脱贫要把质量放在首位，扶贫要人帮人，责任到人。这四项原则的确立超越了经济部门和公共服务部门的边界，为所有社会资源的调动和参与提供了空间，为经济手段和社会兜底政策融合确立了方向，目前中国有 100 万名干部在一线扶贫，到 2020 年确保现行标准下农村贫困人口实现脱贫，消除绝对贫困；确保贫困县全部摘帽，解决区域性整体贫困。实现贫困地区农民人均可支配收入增长幅度高于全国平均水平。实现贫困地区基本公共服务主要领域指标接近全国平均水平。①

（二）扶贫广泛参与最核心

贫困是全球性的挑战，大量区域援助项目也没有从根本上改变国际社会的贫困问题。而中国式扶贫提供了一种新模式，把扶贫变成一个广泛参与和竞争的政府与市场合作行为。

从政策供给看，中共中央和国务院出台纲领性文件、部门出台各自领域的配套文件、行业主管部门进行系统滚动式规划和重要项目推进，这样初步形成了一股有力的政策风向标，为扶贫攻坚营造了良好的导向和氛围（见表 5–1）。

表 5–1 重要扶贫政策一览

时间	文件名称
2018 年 6 月	《中共中央、国务院关于打赢脱贫攻坚战三年行动的指导意见》
2018 年 5 月	《关于推进网络扶贫的实施方案（2018—2020 年）》
2018 年 5 月	《扶贫项目资金绩效管理办法》
2018 年 1 月	《深度贫困地区教育脱贫攻坚实施方案（2018—2020 年）》

---

① 《国家扶贫日关注：紧要关头再出发》，《农村青年》2018 年第 11 期。

续表

时间	文件名称
2017 年 12 月	《关于进一步加强东西部扶贫协作工作的指导意见》
2016 年	《乡村旅游扶贫工程行动方案》
2014 年	《关于创新机制扎实推进农村扶贫开发工作的意见》
2014 年 12 月	《关于创新发展扶贫小额信贷的指导意见》
2012 年	《中国农村扶贫开发纲要(2011—2020 年)》
2012 年 1 月	《农村残疾人扶贫开发纲要(2011—2020 年)》
2012 年	《扶贫开发工作考核办法(试行)》
2001 年 6 月	《中国农村扶贫开发纲要(2001—2010 年)》
2001 年 10 月	《农村残疾人扶贫开发计划(2001—2010 年)》

从市场力量参与看，扶贫不仅是一个公共、公益、社会发展目标，也可以融入企业的社会责任和商业行为。恒大作为一家民营企业，在扶贫领域投入超过 3 亿元，阿里坚定推广农村淘宝项目，2018 年全国淘宝村 3202 个，销售额超过 2200 亿元，创造 180 万个就业机会，其中 1/5 的淘宝村分布在贫困县，600 个淘宝村分布在省级贫困县，电商成为带动脱贫的重要力量。充分合作和竞争，广泛参与是中国扶贫成功的重要经验。

（三）扶贫机制组合拳更务实

精准扶贫建立了中央统筹、省负总责、市县抓落实的工作机制，这和其他任何领域的工作推进无本质区别，但在实践维度扶贫政策落地性最强，其中很重要的是责任到人制度，组织考核层面上贫困县不摘帽主要领导不能走人，具体扶贫帮扶不脱贫不脱钩，都和行动主体产生紧密的关联。同时，在执行标准方面提出了高质量要求，不存在应付了事的可能。在资源配置方面，广泛加大了力度，中央财政专项扶贫投入 2018 年为 1061 亿元，比 1986~2002 年的总和还多 200 亿元。部门、地方政府和企业也有大量的资源投入其中，从本质上讲扶贫和人类共同的价值理念是一脉相承的，加上标准、执行的责任到位，产生良好的效果也就不难预期了。

二 创业创新激发千万人活力和创造力

2014 年我国政府提出创新创业想法，2015 年创新创业政策陆续出台，从新增企业数、创业群体、社会氛围和经济发展等多个维度看，创新创业政策取得良好的效果。截至 2018 年 6 月底，国内生产总值同比增速连续 12 个季度稳定在 6.7% ~6.9%，中国经济对世界经济增长的贡献率达 30%。产业结构优化效应不断显现，2018 年上半年高技术制造业增加值增长率为 11.6%、装备制造业和战略性新兴产业增加值增长率同比都超过 9%，均明显高于整体增长率。更重要的是随着创新创业政策持续发力，其极大地激活了中国人力资源存量。据统计，2017 年有 740 万农民工返乡创业，2013 ~2017 年超过 1700 万青年人加入创业大军，大学及以上学历创业者占比达 15.6%，近 5 年来归国留学人员达 220 万人，2017 年我国各类出国留学人员总数 60.48 万人，各类留学回国人员总数达 48.09 万人，海归中 20 ~29 岁的年轻人占比 52.2%，30 ~40 岁占比 30.6%，而 2013 年这一比例只有 15%，2018 年上半年全国日均新设企业 1.81 万户，中国的吸引力正在转化为人才优势和市场竞争力。"大众创业、万众创新"成为具有国际影响力的政策共识。联合国大会将每年 4 月 21 日指定为世界创意和创新日。创业创新取得的成绩来自经济社会双目标的融合，"双创"为转型发展助力，也为不同群体创业就业赋能。

（一）透明参与机制

"双创"具有发展型社会政策的属性，是经济社会统筹联动最紧密的一次政策实践。以人民为中心，为了人民，服务人民是我们事业的目标和宗旨，社会的进步、教育的普及和信息的广泛传播使创造力和活力的分布更广泛。"高手在民间"，尊重人民群众的创造力，释放大众创新创业活力，让一切创新要素充分流动，就是繁荣和发展的条件，提供更多成长型市场机会是人们需求提升的内在要求，也是推进社会公平正义、社会参与和阶层合理流动的重要政策工具。构建全面覆盖的创新创业技能培训制度，建立专业化、普惠制的创新创业支持平台，极大地激活了中国人力资源存量，有助于社会和谐、包容、健康发展。

（二）政策联动机制

中国的发展优势来自两个动力，一个是市场主体的活力，一个是政府主体的合力。从中央到县四级政府主体运转模型，保持了各级战略目标的一致性，同时又鼓励地方政府开展各种试点、示范、实验，使有效的政策建议得到及时复制传播，而执行过程中的偏差也能较快得以纠正，一个中国特色的"市场增进型政府"集合体的联动与创新克服了市场和政府之间的冲突问题，实现优政府与强市场的有机结合。但长期以来政策碎片化趋势明显，政策联动整合困难重重，"双创"政策以广度、深度、包容度为特征，初步建立了部门协调、上下联动的政策协调机制，对公共政策整合创新有参考价值。

（三）公共服务打包提供机制

建立服务型政府，在"双创"政策推进过程中表现最为显著。深化"放管服"改革为市场主体的创新创业提供服务，过去的公共服务是能不能、行不行的清单缩减时期，现在进入了简化、便利、定制的体验式服务新阶段。如杭州探索的独角兽企业定制服务、福建摸索的新乡建模式和其他地方探索将区域评估作为公共品提供，都是公共服务领域有益的探索，由政府组织对区域内的地质灾害、水土保持进行统一的标准化评估，作为公共服务打包，极大地便利了创新创业，节约了社会资源。

（四）信用监管机制

从政府监管到信用监管是一次重大进步，市场机制就是信用机制，失信者将面临游戏出局的严厉惩罚，因此形成内在的自我约束机制，这不仅为新产业、新业态监管找不到依据和标准提供了解决方案，提升了创新创业效率，同时也隐含着自我管理、社会多元治理的理念。信用监管机制的探索、建立和推广会为中国社会信用和市场信用的建立树立典范，提供经验借鉴。

（五）示范机制

创新创业不是规划出来的，是服务提供便利，是创业主体内在活力的激发和释放，推进"双创"不在画蓝图，而在一颗包容的心、一对发现的眼、一双托举的手。"双创"改变了政府和市场的关系，融通了宏观和微观的立场，各政府部门开始做创新创业者的伯乐，打造出一系列有影响力的品牌活动，如全国"大众创业、万众创新"活动周、"创响中国"系列活动、"互联网＋"大学生创新创业大赛、中国创新创业大赛、"创客中国"创新创业大赛、"中国创翼"创业创新大赛、全国农村创业创新项目创意大赛、中央企业燿星创新创意大赛、"创青春"中国青年创新创业大赛、中国妇女创新创业大赛等，每一个品牌活动推选出创业先锋，对社会产生积极的示范引领作用，扶正祛邪，厚植创新创业文化，是推动社会进步的长效机制。

三　信息惠民，便利服务

（一）让创新技术为公共服务赋能

一项科技成果转化到产品和产业维度，一般需要20年左右时间，而中国的信息化、网络化技术推广要快捷得多，从信息化到网络化，从PC端到移动端，从网络化到智能化，从商业应用到公共服务，网络技术创新和应用已经多轮迭代，2017年全社会零售总额的20%通过网络电商实现，移动支付超过8亿用户，拥有10亿网络用户。信息惠民、服务便民也成为公共服务领域的一个亮点。

（二）地方经验上升为国家政策进行推广

2018年，中共中央办公厅、国务院办公厅印发《关于深入推进审批服务便民化的指导意见》，对深入推进审批服务便民化工作做出部署。文件总结了佛山等地方推动信息便民的主要经验。一是持续简政放权，推行就近服务；二是推行行政审批标准化，实现无差别审批服务；三是实行一口受理、受审分离，强化部门业务协同；四是加强业务协同配合，提升即办服务；五是探索打破区域限制，不断拓展"同城通办"；六是加快数据共享，推行一网通办。为此，文件做出改革的八项部署，要求全面推行审批服务"马上办、网上办、就近办、一次办"。

四　政策融合创新经验

我们选择了具有发展取向的公共政策创新实践，对中国具有世界影响力的三个创新领域进行了总结，社会政策融合创新的巨大成功来源于四个方面。

（一）目标升级为国家战略和政府重要工作抓手

目标升级从目标、资源配置、机制保障三个维度为实现经济社会融合提供了可行的落地策略。如精准扶贫的国家战略，使社会资源从上到下、从政府到市场能进行广泛的社会动员和更有效的参与；创业创新强调厚植创新创业文化，每年各部门和社会举办的大规模赛事超过 5000 起，大量优秀的项目脱颖而出，各级政府服务创新配套政策出台几百项，实现了就业和发展双同步。

（二）技术驱动下的效率提升

技术驱动是融合创新的重要推手，发挥市场和政府两个优势，其中技术进步是一种很好的黏合剂，创造了不同思维方式融合的技术手段。

（三）广泛的社会参与

经济和社会融合领域是受众广泛的领域，是对大多数人或社会基本价值有重大影响的基础领域，融合创新在于激活存量资源，提升政策合力，开辟新的发展空间。

（四）融合创新关键在于激励机制和考核机制的落地

信息化、智能化的发展潜力形成强烈的内在激励，"双创"和扶贫的严格考核推动项目的全面深化和落地，形成了齐抓共管的融合创新效应。

第二节　公共政策不融合问题

一　公共政策不融合的表现之一：体制僵化

（一）出现比较普遍的跨项目、跨专业不融合现象

以医疗卫生领域融合为例，其都属于卫健委管理，在顶层设计层面，强调健康中国作为国家战略，强调预防先行、健康管理，工作重心应该转移到为健康服务而不是以医疗为核心，但在实际工作中存在着明显的跨领域难融合特征。

如涉及医疗和卫生，顶层设计的政策文件中，分别独立设计基本公共卫生服务和医疗服务的政策体系。组织管理体制、绩效考核体制和经费保障机制等方面都存在较大差异。对比《中共中央国务院关于深化医药卫生体制

改革的意见》、《国家基本公共服务体系"十二五"规划》以及《"十三五"推进基本公共服务均等化规划》，其都将基本公共卫生服务和医疗服务分开进行论述。卫生及相关部门制定的《关于规范城乡居民健康档案管理的指导意见》、《国家基本公共卫生服务规范》、《基本公共卫生服务项目补助资金管理办法》及《基本公共卫生服务项目考核指导意见》等政策文件①，确保基本公共卫生服务形成了相对独立的政策制度体系、组织管理体制、绩效考核体制和经费保障机制。而在医疗服务体系方面，我国医疗服务已经形成了成熟完善的筹资体系（城镇职工和城乡居民两大医保体系，居民、企业、政府三方出资）、保障体系（基本医疗保险药品目录、诊疗项目目录、医疗服务设施标准"三大目录"）、服务体系（医保定点医院和定点药房）。

执行操作方面也出现分离和极端化情况。根据 2017 年《国家基本公共卫生服务规范（第三版）》，规范明确了十二大类 46 项基本公共服务项目，这十二大类基本公共卫生服务项目可划分为预防、保健、康复、健教四类，但很少由地方真正建立预防 - 治病 - 康复的全链条健康服务。部分地区基层医疗卫生机构"强公共卫生而弱医疗服务"，县以上医院对基本公共卫生任务有排斥、为难和轻视现象。

（二）存在非常明显的跨体制不融合问题

在我国目前"社区为基础、居家为依托、机构为补充、医养相结合"的养老服务体系下，社区居家养老总共占到 96% 以上。目前的医疗卫生资源尤其是优质医疗卫生资源进入社区、居民家庭严重不足。主要原因是养老机构仍由民政部门管理，医疗机构由卫生健康部门管理，医保基金由医保部门管理，多头管理的行政格局造成行政标准不统一、登记手续烦琐、资源分散等问题②，有关部门各自支配部分政府资源，部门间难以形成政策合力，医养融合发展举步维艰。

---

① 范宪伟：《基本公共卫生服务项目的实施现状及机制优化》，《宏观经济管理》2017 年第 11 期。

② 刘洪银：《推行医养结合中的瓶颈与对策》，《开放导报》2017 年 8 月 8 日。

（三）广泛存在跨领域不融合特征

幼有所育是党的十九大提出的新方略，涉及早期教育、健康营养、社区建设、社会组织发展等多个领域。跨领域融合不充分，做不到协同创新，幼有所育服务体系的建设面临严重制约和挑战，包括缺乏共识、协同不力、政府缺位、市场无序等。

（四）有比较严重的跨主体不融合表现

"学校热、企业冷"是职业教育校企合作存在的核心问题。目前的普遍现象是职业院校热情较高，希望通过各种形式开展校企合作，但企业对于参与校企合作的积极性并不高。大多数企业都希望用最少的投入来获得更大甚至最大的利润，不愿意花费太多精力和支出来推动校企合作，很多企业参与校企合作的层次较浅，操作也较随意，缺乏有效规划，难以深入。"企中校"是校企合作的重要形式，而出于各种原因，企业不愿意建立"企中校"，担心"企中校"的管理问题、安全问题，甚至核心技术泄密等问题。同时，企业即使建立了"企中校"，也不会投入全部精力开展教学工作，更不想将企业的关键技术、人才投入教学中，造成合作深度、广度不够。[①]

二 公共政策不融合的表现之二：机制不到位

（一）激励机制不到位

社会政策的制定主体和执行主体是公务员和事业单位人员，全国公务员1500万人、事业单位4000万人，只有各种警戒、红线、底线设计，激励严重不足，所以出现懒政、应付、低效现象。激励是多元的，物质激励只是其中的一种，如何激励社会政策执行需要制度突破。

（二）考评机制不到位

政策目标如果不能细化、量化，不能形成一个可操作系统，其作用就会大打折扣，目前的考评机制有所优化，重大政策有督查、常态巡视和项目验

---

① 蒋从根、朱青松、刘静：《职业院校校企合作存在的问题及对策研究》，《管理观察》2016年第 10 期。

收，但考评压力过重，问题不敢暴露成为"内部人"的共识，使考评成为压力而没形成发现问题、解析问题、解决问题的重要环节。

（三）纠错机制不到位

改革进入深水区就是问题和矛盾集中爆发期，大多数问题具有系统性和综合性，很多系统问题是制度设计中没有纠错机制而累积形成的，我们有比较严格的照章办事制度，但缺乏对文件深刻意图的把握，僵化教条执行产生问题、政策水土不服产生问题、政策执行过程中边界不清推诿拖延产生问题，这几类问题是普遍存在的，建立政策优化的闭环非常必要。

第三节　创新社会治理加快政策融合的建议

一　建设国家信用基础设施为社会行为规范筑底

信用是社会基础设施，应该构建起社会、金融、大数据协同治理的新政策格局，把信用体系建设作为社会发展的关键抓手。

（一）全面个人信用和组织信用并重原则

中国的信用以组织信用为重，涉及个人的主要是信用惩戒，这和国外有很大不同（见表5-2）。市场机制下，组织主体形式是企业，企业具有很强的变通性，企业的善变对社会信用的建设而言是一个减分项。国外的信用体系是建立在个人信用基础上的，责任主体更明确和有操作性，形成了简单、高效的社会治理方法。

表5-2　中外信用政策对比

国家	失信评判	作用范围	信息公示	法律行为
中国	个人信用评价体系（少数地区）被执行人名单	信贷 乘坐交通工具 不动产交易	失信名单 被执行人名单 信用黑名单	冻结被执行人存款，限制被执行人乘坐交通工具，限制被执行人不动产交易，限制被执行人最高消费等
美国	FICOscore	信贷 就业 保险费率	FICOreport可由第三方查询	债权债务法 州成文法 出于破产和诉讼成本较高等原因，债权方通常将债权转让给讨债公司

如美国商业医保覆盖 60% 左右的人口，政府把"一老一小"管理起来，那么流浪汉、低收入者、重症患者等被商业保险拒绝的人如何接受医疗服务呢？医疗机构为一切有需要的人提供人道医疗服务，这些没有支付能力者的医疗服务费用和各个人的信用账户绑定，当收入低于赤贫线的时候自动划转医疗支出，这个信用机制极大地减少了搭便车行为，这种制度设计几乎不会产生"老赖"，因为任何超过社会边界的行为，如闯红灯，会和就业机会、孩子上学的学费、申请贷款的费率挂钩，因此全面推行个人信用和组织信用并重的数据整合方案，可以从根本上识别社会兜底服务人群，排除不当搭便车行为。

（二）行业统一信用和企业信用参照原则

中国的企业寿命短，平均只有 2.5 岁，很多企业逃避税收监管，一个自然人拥有多家企业是正常的，但夸张的竟然有 1000 家，这种投机行为不利于企业的真正成长，也不能适应产业转型发展的要求，因此要将行业信用和企业信用联合考察，记录形成法人和股东的个人社会信用参考项。治理是多元的，是自动自发自觉的，对自己的行为负责的制度设计更有效率。

二　公共服务和社会治理融合形成合力

什么是基本公共服务？在"十二五""十三五"的基本公共服务规划中有比较明确的表述。"基本"之内核是一个国家的公民待遇，"基本"之范围横向可拓展，纵向可深化。一定时期基本公共服务的总量是相对稳定的，和国民收入及发展阶段有关，国民体验和幸福感却有所不同，这和公共服务提供的方式、效率有关。

（一）融合解决服务目标不清问题

公共服务虽然已经开始实践政府购买服务，但相对而言体量还是非常小的，使得基本公共服务庞大的资源和市场空间面临沉重的成本压力，也对市场秩序和多样性形成冲击。特别是对一些领域如义务教育管理过死，实行严格的准入限制，把一个需求非常丰富的教育大市场变成了千篇一律的标准化工厂，已经不符合中国经济转型发展的需要，客观上造成中国每年数十万留学生的出国潮。还有一些领域如文化、体育、养老、社区建设在基层可以整合提供服务，各个领域都在推进自己的便民服务空间不仅是社会资源的巨大浪费，也使服务体验变差，一些公共服务的提供需要刷 4 次身份证，这样做的目的是便于管理，以管理为中心就出现了身份问题，出现了身份代替服务、身份代替结果的供给偏差。

（二）融合解决服务成本居高不下问题

中国社会发展进入新阶段，人均 GDP 接近 1 万美元，直接带来社会需求的升级，这些需求的核心不在产品功能，而在服务体验。发达国家的产业结构是服务业占 70%，2017 年中国服务业占比是 53.6%，如何将政府资源运用到服务领域需要制度突破。只有利用政府资源进行运营标准、服务规范、服务体验的设计和示范才能更快推动产业结构的转型升级。

基本公共服务供给是国家的基本公平制度安排，要有一定的内在合理性和可持续性，要顺势而为，不要违背市场规律进行不必要的资源配置。如关于养老社区中心和社区驿站很多地方规定是 15 分钟服务半径，存在老人密度不足和服务供给与需求不匹配的问题，根据调查很多驿站平均日服务人数 10 ~ 20 人，造成资源的巨大浪费，这样的项目投入不少，更迭很快，入市效果弱，退市影响大。基本公共服务的服务内容最少要有 10 年的稳定需求才可考虑设立，这应该成为原则性问题。

（三）融合解决多元服务主体平等参与问题

在公共服务的一些领域，为了区别利益导向的市场企业，我们创造了民非组织类别，2017 年民非组织有 40 万家，主体是教育、养老等机构。这些组织多数是技术和服务提供者，资本动员能力弱，在发展之初享受民非免税政策，并通过市场进行募资，一般具有多重身份和强烈的角色困扰，限制了民非的发展，也不利于社会和谐稳定。按照管理便利性区分了民非和企业，这种区分降低了民非运行成本，但没有考虑可持续发展机制，使大量投入基本公共服务领域的资本陷入了多重身份的困扰。

三　制度建设再造预期

公共服务创造需求，这是发达国家的共识，正是靠这些需求，美国才走出二战后的经济危机。在全面推进基本公共服务体系建设的时候，我们一定要有均衡发展的意识，公共服务是创造需求的过程，是为发展助力的过程，是激发社会活力的过程，而不仅是政府执政为民的爱心表达。

（一）公共服务质量优先原则

长期以来，如何定义质量的概念一直是国际学术界热烈讨论的基础性话题。统计质量控制之父休哈特（W. A. Shewhtar）将质量定义为产品好的程度，认为质量是绝对的和普遍认可的，标志着一个不可妥协的标准和高的成就。国际标准化组织制定的 ISO9000：2000 标准把质量定义为"一组固有特性满足要求的程度"，这成为目前国际上普遍认同和广泛应用的质量定义。"要求"的主体可以是组织、顾客以及其他相关方，特定要求包括诸如产品要求、质量管理要求、顾客要求等。

公共服务的固有特性存在于公共服务提供的"过程"与"结果"中。"相关规定要求"是指可供公共服务提供主体遵照执行的并经明示的特定要求，一般在公共服务方面的法律、法规、规章、政策、管理制度、规范、标准、报告等文件中阐明。"社会公众要求"是指社会公众表达的对公共服务的需求和期望。"需求"和"期望"是不同的，前者指公众对公共服务原初的生存和发展方面的基本需求，后者指公众受既往习得经验、公共服务提供主体做出的承诺、公民相互之间的交流等影响而形成的对公共服务的期待。由此可知，"社会公众要求"主观地存在于社会公众心目中，若不通过一定方式（比如调查）加以获取和了解，则是不可知的，也是不可见的。而通过一定方式获取并反映在文件中后，就转化成上文所述的表现为法律、法规、规章、政策、管理制度、规范、标准、报告等的"相关规定要求"。

"公共服务提供过程及结果的固有特性满足相关规定要求的程度"对应的是公共服务的客观质量，"公共服务提供过程及结果的固有特性满足社会公众要求的程度"对应的是公共服务的主观质量。二者的区别在于，公共服务的客观质量是公共服务的固有特性满足那些客观制定的、可见的、可供遵循或对照的"相关规定要求"的程度，可以通过数量统计等方式获得；公共服务的主观质量是公共服务的固有特性满足那些存在于公众心中的、主观的、不可见的"社会公众要求"的程度，必须通过社会公众感知而得。①

　　一些国家是有公共服务质量立法的。而我们在政策制定过程中有两个心理误区，一是把质量和成本对立起来，认为成本低则质量肯定不会高；二是把政策制定的导向作用和政策执行的结果连带起来，不愿意给自己添麻烦。质量和成本有密切关系，但公共诉求和感知完全超越成本层面，起到了塑造市场需求空间的作用，因此高质量公共服务不是可选项，而是必选项，可以有价格歧视但不能有服务设计歧视。

　　（二）服务即时响应原则

　　服务内容和服务感知是两个维度，服务提供方式也是非常重要的，在基本公共服务的一些领域采用全面的技术赋能策略，能提升人民的获得感和满意度。

　　（三）事业产业标准联动原则

　　目前，在国内公共服务市场上普遍存在着事业单位标准和市场企业标准，而公共服务领域内政府直接提供、授权提供、购买提供的部分非常大，不利于规范高效市场的建立，应该统一事业产业服务标准，不同的是支付方式，而不是服务内容和服务体验，这样有助于统一信用并促进公共服务市场健康发展。

---

　　①　陈朝兵：《公共服务质量的概念界定》，《长白学刊》2017 年第 1 期。

第六章
创新社会治理——数据赋能

熊彼特曾指出，不是资本和劳动力，而是技术创新，才是资本主义经济增长的主要源泉。[①] 由于技术创新，近百年来资本主义发展经历了三个长波，第一个长波是从 18 世纪 80 年代蒸汽机的发明到 1842 年英国工业革命基本完成的"产业革命时期"，第二个长波是从 1842 年到 1897 年的"蒸汽时代"，第三个长波是从 1897 年到 20 世纪 20 年代的"电器、化学和汽车时代"。这三个长波也正是人类社会经历的三次工业革命，每一次工业革命都伴随着重大发明的产生和核心技术的创新，正是这样的技术创新给人类社会带来深刻的变化、产生深远的影响。尤其是第四次技术创新带来的工业革命给就业结构带来了巨大冲击，改变了知识的传播方式和教育方式，网络技术的普及和信息技术的完善给人类社会秩序和社会稳定与安全带来巨大影响。

第一节　技术创新对社会治理的挑战

信息技术在推动全球新一轮科技革命的同时，也正在推动新一轮工业革命。当前工业生产系统越来越复杂，集成度越来越高，网络连接范围越来

---

① 战梦霞：《技术创新的就业效应》，中共中央党校硕士学位论文，2007。

广，互联网与工业融合已经成为大势所趋。[1] 网络作为基于现代信息技术的传播工具，与传统媒体相比，具有全球性、开放性、即时性、虚拟性、交互性等特点。总体而言，网络有利于维护和实现国家政治与社会的安全，但也要深刻认识到网络技术的发展所引发的一系列安全问题，甚至威胁到社会稳定和政治局势。

一　改变社会生产方式和就业方式

苏惠香（2007）从网络革命的视角分析了网络经济革命的扩散效应，她认为继农业革命、工业革命后的网络经济革命，也是通过改变社会的生产方式与交换方式从而推动社会文明的发展。[2] 网络经济不是单纯的技术现象和单纯的经济现象，而是技术－经济范式的产物，网络经济的本质是重大技术创新引起的经济范式的变革，网络经济时代创新的主导产品是数字产品和互联网。文章通过数理分析与实证分析，重点研究了网络经济创新对经济增长的影响，网络经济中的技术创新对劳动力市场的影响。研究结论表明，信息技术创新对总产出的影响具有滞后性，滞后期为 4 年；虽然目前信息技术进步对中国劳动力就业总的影响是减少就业，但是，信息技术进步产生的新产业部门增加就业的效应更强。

第一次工业革命期间，技术创新的就业效应相关研究较少，古典经济学家李嘉图曾在《政治经济学及赋税原理》中指出，技术创新可能有两面性，一方面是毁灭工作，另一方面是创造就业岗位；Ricardo 等在 18 世纪末 19 世纪初的研究中也发现，市场机制能形成自动补偿，抵消节约劳动的技术创新带来的就业损失。

第二次工业革命期间，技术创新的就业效应仍然存在争论，如 19 世纪 60 年代的 Karl Max 就认为技术创新能为工厂带来更多剩余产品，有利于扩大再生产和增加就业，但是技术创新也会加速资本有机构成的增加，从而导

---

① 王兴伟、李婕、谭振华、马连博、李福亮、黄敏：《面向"互联网＋"的网络技术发展现状与未来趋势》，《计算机研究与发展》2016 年第 4 期。

② 苏惠香：《网络经济技术创新与扩散效应研究》，东北财经大学硕士学位论文，2007。

致劳动力需求放缓；同期的 Alfred Marshall 则认为工资刚性或工资弹性不足导致劳动力供求失衡，技术创新会引起暂时性失业。

第三次工业革命期间，技术创新对就业影响的相关研究日益增多，大多学者倾向于认为技术创新具有正的就业效应，如 20 世纪 60 年代，新古典经济学家 Wicksell 认为技术创新通过降低工资价格形成对就业的补偿机制；90 年代，Pissarides 提出技术创新对就业间接补偿的"资本化效应"，技术创新提升了要素生产率，产生了就业创造效应。

第四次工业革命期间，进入 21 世纪以后，学者们不但研究技术创新对就业数量的影响，也开始研究技术创新对就业结构的影响，尤其是随着网络技术和信息化的发展，网络技术创新对就业的影响深受关注。如苏惠香认为目前信息技术进步对中国劳动力就业总的影响是减少就业，但是，信息技术进步产生的新产业部门增加就业的效应更强。主要学者观点如表 6 - 1 所示。

表 6 - 1　主要学者观点

工业革命	主要学者	主要观点
第一次	李嘉图	一方面毁灭工作，另一方面创造就业
	Ricardo	市场机制能形成自动补偿，抵消节约劳动的技术创新带来的就业损失
第二次	Karl Max	技术创新扩大再生产和增加就业，但是也会加速资本有机构成的增加，导致劳动力需求放缓
	Alfred Marshall	工资刚性或工资弹性不足导致劳动力供求失衡，技术创新会引起暂时性失业
第三次	Wicksell	技术创新通过降低工资价格形成对就业的补偿机制
	Pissarides	技术创新对就业的"资本化效应"，提升了要素生产率，产生了就业创造效应
第四次	苏惠香	目前信息技术进步对中国劳动力就业总的影响是减少就业，但是，信息技术进步产生的新产业部门增加就业的效应更强

二　改变个人行为模式和组织架构

互联网领域社交网络技术（SNS）对个人、组织和社会层面的影响机制方面，有研究发现 SNS 对社会的诸多层面存在不同的正面和负面效应，其对个人层面的影响，满足了个体多层次的心理需求，改变着个体各种行为模式；其对组织层面的影响，改变了员工间的关系与领导模式，并产生新的客户服务模式，建立网络营销口碑新模式；对社会层面的影响，积累了新的社会资源，形成了新的社会规则，产生了新的社会结构。但是，基于 SNS 联系的社交具有很强的隐蔽性，便于不法活动通过 SNS 联系，因此，政府应该加以管理，趋利避害。①

三 造成社会秩序失范

网络技术的出现和迅猛发展以其特有的方式改变着人们的生活，对人的社会化过程产生了重要影响②，网络技术对大众文化的有力传播加强了个人社会化的教育功能。但是网络技术对人的社会化并不是完全积极的，网络技术的价值负载性容易使个人社会化过程中的价值观念、行为规范产生冲突，容易造成人机关系和人际关系的混淆，虚拟生存与现实生存的冲突造成人们内心的困惑，网络的隐性作用也会使人丧失责任感。

刘普（2012）从国家政治安全层面分析了网络对政治安全的影响，一方面，网络的迅猛发展带来了更多的政治功能，分别是政治赋权功能、政治动员功能、政治参与功能、政治监督功能和政治斗争功能；另一方面，网络对政治安全产生冲击，分别是削弱国家主权安全、危害国家政治安全、威胁意识形态安全、影响国家政治稳定、破坏国家信息安全。③

王兴伟等（2016）认为"互联网＋"的发展为网络带来更多的用户，经济社会对网络更加依赖，相应地，对网络管理和网络性能也提出

---

① 张兮、王孝炯：《社交网络技术对社会的影响：基于调适性结构理论视角》，《科学与社会》2011 年第 2 期。
② 何华青：《网络技术对个人社会化的影响及对策研究》，广西大学硕士学位论文，2006。
③ 刘普：《政治安全：网络时代的挑战与对策》，中国社会科学院研究生院硕士学位论文，2012。

了更高的要求。① 软件性能定义网络（SDN）等网络技术的发展可以提高网络利用率和管理效率。随着移动智能终端和宽带无线接入等技术的飞速发展，移动互联网进入高速发展阶段，方便用户对网络的访问，但也面临着超级安全等方面的挑战，需要实施加强对网络安全与风险的控制等措施。

刘青青（2017）从网络社会秩序规制相关理论和具体措施出发展开研究，② 她认为网络社会秩序问题由主观原因和客观原因造成，客观原因是互联网技术的不断更新，使得网络社会逐渐产生了一种负面功效，即网络社会道德失范现象，因此必须进一步提高网络社会道德的规范化和合理化水平，从而建立完善的网络社会秩序。③

总体而言，网络技术给个人、社会带来的影响是冲击性的、颠覆性的。对于个人而言，一是网络技术以直接方式改变人们的认知，引起人们思维方式和价值观念的变化，在网络技术不断普及的背景下，大量的人类社会活动都可以通过自媒体等新型网络空间来实现，改变了人们传统的社会习惯和认知方式。网络技术对个人的社会化有着积极的影响，包括社会生存技能掌握、社会观念形成、社会文化习得、个性自我完善、社会角色实现、社会关系建立等。二是网络技术以间接方式引起教育的变革，教育变革也使得知识传播方式和传播内容发生改变，同样改变人们的认知，而两个认知的变化势必造成个人体验的变化，个人体验变化促使个人行为产生变化。对于社会而言，技术创新对传统社会规则是一次重大冲击，对社会结构与社会体系具有非常大的影响。网络技术改变了以往的社会运行模式，人们更容易获得更多的信息和资源，在新的社会模式中社会规则将被重新定义，新的社会结构也将重新形成。如张兮的研究认为网络技术积累了新的社会资源，形成了新的社会规则，产生

① 王兴伟、李婕、谭振华、马连博、李福亮、黄敏：《面向"互联网＋"的网络技术发展现状与未来趋势》，《计算机研究与发展》2016 年第 4 期。

② 刘青青：《网络社会秩序规制研究》，西南石油大学硕士学位论文，2017。

③ 刘青青：《网络社会行为失范与秩序规制研究》，学术论文联合比对库，2017 年 4 月 25 日。

了新的社会结构。

总之，网络技术给人与社会都带来深远而复杂的影响，网络技术的创新与发展有助于方便个人生活，有助于维护社会秩序，有助于维护国家稳定与安全。但是网络技术的无序化发展也会产生一定的负面影响，让个人和社会蒙受损失，让国家增加管理成本，但是这种负面影响并非网络技术发展本身所造成的。因此在分析网络技术的影响时，应该客观地看待网络技术的创造性作用，积极利用网络技术带来的便利。

第二节　大数据带来的宏观治理能力提升

政府是社会领域提供公共服务的主体，要将大数据作为提升政府治理能力和治理现代化水平的重要手段，通过科学采集、高效整合政府数据和社会数据，加快实施大数据重大应用示范工程，建设大数据公共服务平台，在基本民生服务、公共事业服务、公共安全服务和公益基础服务方面发挥主体职责，带动全社会大数据应用不断深化。此外，要加快培育经济类、慈善类、公益类、服务类社会组织，坚持政社分开、管办分离，通过政府授权、公助民办、购买服务等方式，提高社会资源利用效率和公共服务水平。现阶段，在健康医疗、文化教育、交通旅游、社区服务、社会养老等领域全面推广大数据应用已具备一定基础，可以进一步利用大数据洞察民生需求，不断满足人民群众日益增长的个性化、多样化需求。①

一　"互联网＋社会治理"出现三大新特征

（一）推动工具革命：信息化专业工具成为基本方法

过去信息化建设存在"黑洞""信息孤岛""一把手工程"等问题，因为其投入大，使用复杂，需要专门机构和专业队伍支持，大家满意度不高，

---

① 杨雅厦：《应用大数据提升社会治理智能化水平》，《新重庆》2017 年 8 月 25 日。

信息化流程和业务流程叠加使有的事相当于处理两遍，更加烦琐。而随着"互联网＋"的普及，中国有 6 亿智能手机用户，互联网化甚至移动互联网化培育了人们的信息意识，提升了信息化工具普及度，使传统的信息化专业工具变成了基本的、普适的基本方法，在公共服务、社会保险、社会信用等方面普遍应用。过去的试点示范成为常态。

（二）推动内容革新：由政务管理走向市民服务

社会治理的抓手一直是政府和不断被强化的社区及基础组织，早在"十五"时期，我国就启动了电子政务工程，其主体围绕"两网一站四库十二金"重点展开。"一站"是指政府门户网站，主要职能是信息公开；"两网"是指政务内网和政务外网；"四库"，即建立人口、法人单位、空间地理和自然资源、宏观经济等四个基础数据库；"十二金"，则是要重点推进办公业务资源系统等 12 个业务系统。这 12 个业务系统又可以分为三类，第一类是对加强监管、提高效率和推进公共服务起到核心作用的办公业务资源系统、宏观经济管理系统建设；第二类是增强政府收入能力、保证公共支出合理性的金税、金关、金财、金融监管（含金卡）、金审等 5 个业务系统建设；第三类是保障社会秩序、为国民经济和社会发展打下坚实基础的金盾、社会保障、金农、金水、金质等 5 个业务系统建设。[①] 其中除"一站"以外更多都集中在政务管理、效率提升方面。在中央布局电子政务建设过程中，全国陆续有 400 个城市启动了数字城市、智慧城市建设或试点工作。精细化管理成为社会治理的常态。随着"互联网＋"技术的成熟，通信成本、云计算成本大幅度下降，社会治理领域出现了由政务向服务的根本转变，从企业一站式注册，到个人服务在线自助，到 2 公里服务半径等，治理跟着数据走，一些地方 5 分钟可以办好老年证，凭身份证可以享受在养老机构提供的日托、免费中餐等服务。大数据支撑社会治理和服务模式发生巨大转变。

（三）推动工作模式变革：由静态应对变成动态预防

其最明显地表现在智能出行路线选择和智慧公安上。警方借助大数据，

---

① 柳洋：《Word 软件应用技巧 10 则》，《信息化建设》2003 年第 2 期。

全面加强 DNA、微量物证、电子数据、视频技术等的应用，深化现场勘查、指纹、DNA、足迹、声纹等应用，一些沉积多年的旧案也可以告破，同时借助高危人群移动出行运动轨迹，可以聚类分析，找出预谋团伙及预谋犯罪人员，提前布防，彻底改变了安全治安领域的被动应对局面。城市交通拥堵是"大城市病"的重要表现，现在的大数据技术可以轻松规划路线，并且动态调整。

二　"互联网 + 社会治理"中的新问题

（一）技术驱动和市场准入问题

"互联网 +"培育了非常多的跨界者，技术强大的驱动力可以迅速地改变一个行业的格局，如滴滴出行没有储备车辆，也没有经营出租车的资质，上线两年实现日交易量 1400 万单，成为互联网内估值第二大企业，彻底颠覆了传统的出租车模式。社会治理领域同样存在技术驱动因素，但公共服务多属于政府提供或授权提供或购买提供，如何解决市场准入问题，需要尽快研究市场开放问题。目前市场上有大量参加过电子政务建设的企业对政府流程、业务模式、业务类型比较了解，包括常规的服务商，同时也有云计算的新服务商，它们携强大的数据整合运算能力希望介入此市场，实际上技术已经为它们打开了大门，如果不早一点明确市场准入规则，可能结果就是地方政府授权局部准入，或像滴滴出行一样占领市场成为既定事实再等待政策事后确认。

（二）信息采集、使用和隐私保护立法问题

工信部网络安全管理局发布的《2015 中国网民权益保护调查报告》显示，78.2% 的网民个人身份信息被泄露过，63.4% 的网民个人网上活动信息被泄露过。随着快递实名制正式施行，包括个人姓名、电话、住址和身份证号在内的全部信息直接暴露给快递员，如果没有一部较为完整的法律与之相配套，无疑将给本已十分严重的个人信息泄露问题带来巨大法律和安全风险。[1]

---

① 《63.4% 的个人网上活动信息曾被泄露》，中国商务新闻网。

三 "互联网＋社会治理"带来新的发展红利

（一）大数据提升决策的科学性和可行性

1. 宏观决策的科学性

基于大数据模型和分析进行科学决策，改变了社会治理主体决策的传统路径——"专家咨询＋集体委员会模糊决策"，决策机制是自上而下的，传统社会治理模式决策比较简单粗放、注重宏观，而大数据背景下社会治理决策实现由简单粗放向精准分析预测、从关注宏观向注重微观主体数据的两大转变，实现科学决策。

基于"互联网＋"、云计算、物联网等信息技术，大数据的广泛应用决定了社会治理模式创新路径的选择方向，社会治理模式创新路径基于数据管理、决策，从而带来社会治理模式构成的相应改变。基于对部门、行业、社交媒体等结构化、半结构化和非结构化数据的收集、集成、加工、挖掘、更新，大数据时代首先带来了政府信息公开、共享，实现了部门数据到公共数据再到合作社会治理平台的整合，其中信息公开又带来了社会治理透明化。社会治理模式中服务型政府要变成一个透明化政府，其透明化具有两层含义：一是政府部门信息公开化，各部门尽可能主动定期披露和更新部门数据，信息公开化反过来会进一步约束社会治理主体政府的行为；二是大数据整合使得政府部门管理便利化，受制于部门间信息壁垒，政府部门管理很难有效基于部门内信息进行管理，部门间信息公开解决政府部门间管理不透明的问题。

2. 社会事务管理的可行性

把社会行为纳入信用体系将极大地提升市民文明程度，降低治理成本。一方面，大数据共享和融合改变了社会治理模式和方法，传统社会治理模式以有限个案为基础，比如基于部分地区试点进行推广、基于部分民众试点进行推广等，大数据共享和融合实现了政府以数据来做事，通过数据反映问题，反过来要求政府部门具有大数据意识；另一方面，信息共享和融合为社会治理主体政府进行决策提供依据，大数据背景下社会治理模式创新路径的第三步是参与主体多元化，传统社会治理模式是政府主导的单一主体模式，政府信息透明化程度、部门间协作能力与民众反馈机制等因素造成了非政府组织和民众很难主动参与到社会治理中来，只是被动参与。大数据通过政府部门信息公开、收集、挖掘和共享，实现了部门间协作沟通，加强与民众的互动，将企业、非政府组织和民众主动吸纳进来，实现了参与主体的主动性。①

3. 社会公共服务的便利性

公共服务体系是由庞大的供给机构和多元组织分别提供的，加拿大、中国香港等一些地区都是通过一站式政府门户网站接入不同场景的服务。在"互联网＋"的大数据赋能作用下，完全可以转变观念，只需要对服务机构真实性进行简单评估后就可以纳入一站式服务接入平台。社会组织、企业、事业单位等多元服务主体被纳入公共服务一体化提供体系中，由用户对服务进行满意度评价，这份评价既可以为其他用户选择提供参考，也可以促使服务商提升质量，同时政府购买服务可以根据质量给予不同购买价格，提升资金使用效率和满意度，节省单独评估成本，使工作过程、监督评价一体化。

（二）提升公共服务的精准性和预见性

1. 大数据提升服务精准性

顺应社会治理对象多元化的趋势，应用大数据提升社会治理的精准性。社会治理内嵌于社会结构之中，随着社会结构的变化，社会治理的对象、主体也必然发生相应的变化。一方面，当前社会治理所服务的对象结构发生了显著变化。具体表现为：社会阶层结构出现新老演化，人口的年龄结构、素质结构和空间分布结构发生了很大变动，老龄化社会加速到来，受过高等教育或拥有专业技能的群体日益扩大，家庭结构呈现规模小型化、类型多样化特征，社会流动性不断增强，跨地区流动已成为常态，越来越多的人口向大城市或中心城镇集聚。特别是思想活跃、

---

① 郑志来：《基于大数据视角的社会治理模式创新》，《电子政务》2016 年第 9 期。

利益诉求多样、跨群体触发能力强的新兴社会阶层对创新社会治理提出了很多新要求。另一方面，参与社会治理的主体，也从政府单一主体过渡到一个由政府、非政府组织、公众个体等构成的行动者系统。这些变化迫切需要提升社会治理智能化水平，也为社会治理智能化创造了良好条件。智能化意味着精准分析、精准治理、精准服务、精准反馈。各类社会治理主体通过获取、存储、管理、分析等手段，将具有海量规模、快速流转等特征的大数据变成活数据，广泛应用于社会治理领域，更好地服务不同社会群体，将成为政府和社会组织实施精准治理、智能治理的重要法宝。

2. 大数据增强服务预见性

顺应社会治理环境复杂化的趋势，应用大数据提升社会治理的预见性。长期以来，社会治理面临的最大难题就是风险的不可控性和难以预见性。现代社会处于信息化和网络化复杂交织的图景之中，与我国经济转轨、社会转型的背景相叠加，使现代社会治理呈现新特征。总的来看，我国经济社会发展面临的形势是严峻复杂的，表现为短期矛盾和长期矛盾叠加、结构性因素和周期性因素并存、传统安全威胁和非传统安全威胁相互交织，特别是我国基层社会治理体系较为薄弱等。以往，政府对经济、社会进行研究的实证数据，主要源于抽样调查数据、局部碎片数据、片面单一数据，有时甚至纯粹基于理论和经验假设，具有较大的局限性和模糊性。大数据技术能够通过交叉复现、质量互换、模糊推演等手段有效提升整合各方面数据资源的能力，使政府决策的基础从少量的"样本数据"转变为海量的"全体数据"，为有效处理错综复杂的社会问题提供新的可能性。在所有的社会治理实践中，最难预测的就是不同于常规的"小概率"危机事件。在危机困境突然爆发时，管理者往往处于非理性决策与经验决策的状态，因而面临更大的风险。大数据技术则通过 GPS 设备、RFID 设备、视频监控设备、卫星遥感等各种传感器介入互联网终端，使自然与社会运动变化的征兆信息，以传感数据、交易数据、交互数据的方式为人所捕捉，有效减少信息盲点。在具体实践中，相关执法部门之间要加强数据资源的交流，在法律许可范围内和确保安全可靠的前提下，对社会治理相关领域数据进行归集、挖掘及关联分析，强化应对和处理突发事件的数据支撑，构建起智能防控、综合治理的公共安全体系。[①]

（三）大数据提升社会治理高效性

顺应社会治理内容多样化的趋势，应用大数据提升社会治理的高效性。实现社会治理现代化，在任何国家、任何时期都是一项艰巨的任务。从我国实际来看，情况亦是如此。在城市，基础设施建设管理、基本公共服务体系建设、流动人口管理、区域化协同治理、虚拟社会服务管理等方面的工作千头万绪，相互交织；在广大的农村地区，则面临着加强农村基层党组织建设、健全农村基层民主管理制度、加强农村精神文明建设、创新扶贫开发体制机制、管理民族和宗教事务、服务留守老人妇女儿童等一系列问题。传统的政府治理体系和基本公共服务供给机制已远不能满足广大人民群众的多样化需求，也难以有效缩小城乡公共服务存在的明显鸿沟。在政府行政体制改革、日常管理和公共服务领域大力发展和运用大数据，有助于破解体制性障碍、机制性束缚、保障性困扰，实现城乡统筹而不是城乡有别、区域协调而不是区域分割，使发展成果更多更公平地惠及全体人民。[②]

第三节　大数据带来的基层社会治理革命

朝阳区是北京市最早一批开展城市社会服务管理信息化试点的单位，从 2005 年开始，以城市管理监督指挥中心为依托，走出了一条以社会信用建设为基础的全模式社会服务管理发展道路。朝阳模式经过四个发展阶段，第一阶段，在北京东城区前期实践的基础上，按照住建部和北京市政

---

① 杨雅厦：《应用大数据提升社会治理智能化水平》，《新重庆》2017 年 8 月 25 日。
② 杨雅厦：《应用大数据提升社会治理智能化水平》，《新重庆》2017 年 8 月 25 日。

府要求，于 2005 年 7 月开始建设数字化城市管理系统，并于 2006 年 1 月 1 日正式上线。第二阶段，在数字化城市管理系统稳定良好运转的基础上，城市管理监督指挥中心着手开发数字化为民服务系统，将数字化城市监管由城市环境、秩序监管为主推向综合监管的发展阶段，重点在于服务民生。第三阶段，依据创新全国文明城区的阶段性工作目标，结合创建全国文明城区监测评价体系中的 124 个大类、316 个小类、1162 项细类指标，按照区创建责任单位的指标分解内容以及相关的部门对接，在数字化城市管理系统的基础上研发了数字化文明城市建设系统。第四阶段，根据北京市社会服务管理创新工作的基本精神，按照朝阳区推进社会服务管理、创新实施意见的要求，在原有数字化城市管理系统和数字化文明城市建设系统的基础上，构建了数字化社会服务管理系统，全面对接社会服务管理创新行动。朝阳模式取得的成效可以概括为以下几点：首先，改造社会基础设施方面，十兆无线宽带覆盖城乡、家庭，高速光纤入户达到 100 兆，形成统一的政务数据专网和高效数据中心。平台建设方面，统筹建设智能政务支撑平台等公共平台。其次，在产业方面形成了 6800 亿元投资规模的软件与信息服务业、500 亿元投资规模的云计算产业等，投资规模超 10 亿元的企业超过 50 家，10 家企业进入世界一流企业行列。① 最后，朝阳区社会治理系统的高效率运行，不仅没有成为社会资源消耗端，反而成为投入资源，成为科学决策、智能服务、简化管理的重要工具。对朝阳模式设计者和管理者的调研得出一致结论：技术是通用的，朝阳模式成功的关键因素是制度设计。

一 朝阳全模式社会治理系统

（一）朝阳区社会治理面临的难题

1. 城乡共治，人口众多

朝阳区辖区面积 470.8 平方公里，拥有 423 万人（有常住人口 251 万，

---

① 《创意型城市的经济哲学研究》，学术论文联合比对库，2014 年 3 月 30 日。

流动人口 172 万），是北京市面积最大、人口最多的城区。朝阳区共有 24 个街道办事处、237 个城市社区、19 个地区办事处（乡人民政府）、123 个农村社区、148 个行政村（见图 6 - 1）。

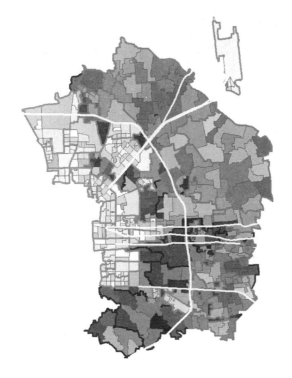

图 6 - 1　朝阳区区划示意

2. 问题多元，政出多门

现在运行的社会治理系统主要包括社会管理十一大类、公共服务五大类及决策支持系统，涉及底层落实指标 3537 项（见图 6 - 2）。网络技术很好地把问题统合浮现出来，但技术本身只能提升解决问题的效率，不能解决问题本身。

3. 受众广泛，诉求不一

以 2013 年为例，全模式服务管理系统发现问题类和工作任务类情况共6380686 件。其中发现问题 5386447 件，包括监督员监督、公众举报、监测

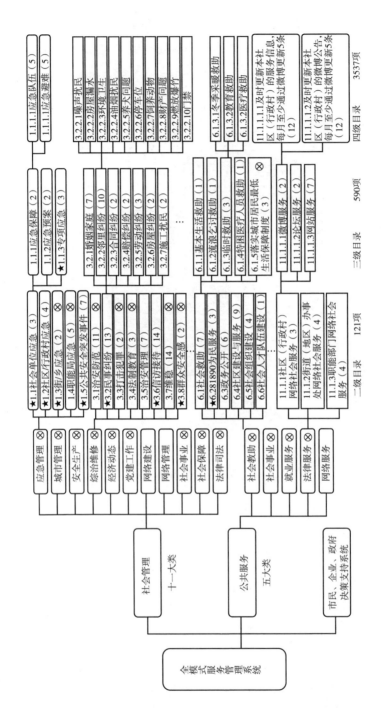

图 6-2 朝阳区全模式服务管理系统

探头监督、基层上报和微博上报。工作任务 994239 件，包括市民咨询、基础数据填报、人口抽查、工作记录、基础数据更新、材料上传、问卷调查、实地考察（见图 6 - 3）。以 2013 年上半年数据为例，共受理百姓投诉 34696 件，办结 30449 件，办结率为 87.76%，其中环境卫生类案件 16583 件，占 47.78%。其他包括维稳、司法、社会服务、党建、社会保障和社会事业、安全生产等多是法人主体。

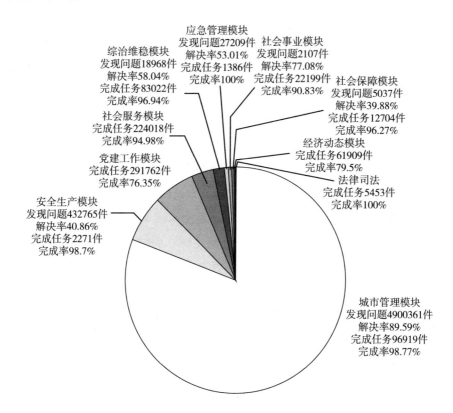

图 6 - 3　2013 年全模式服务管理系统发现问题类和工作任务类情况

（二）主要做法

与传统的社会服务管理方式相比，朝阳模式的社会服务管理系统是通过现代科学技术与科学管理方式结合，实现社会服务管理空间的全覆盖、资源的整合、业务的集成和流程的优化，通过促进各类责任主体切实履行法律责任，形成无缝隙、不间断、闭环的社会服务管理系统。具体包括以下几方面。

1. 摸清家底，一口受理，一站式服务

以普查数据为基础，历时多年内容逐渐扩展，由最初的市容管理到人口管理、安全生产、食品安全、地下空间管理、矛盾调解、社会服务，扩展加入生态建设、公共环境，又将政府管理、文化建设纳入。最近又丰富了综治维稳、公民自治、公共治理等模块，目前形成了覆盖全区的房产、人口、单位等十大数据库。数据库以万米技术网格为基础，针对网格内的人、地、事、物、组织等要素建立全方位的数据库，在工作中不断进行数据更新，通过数据采集、汇总、分析和共享，使全区社会治理各个方面及各类行为主体有明确的行为轨迹。所有数据归口城市监督管理中心，它是一个超级监督者，市民所有服务和城市管理事项也通过平台一站式受理，极大地便利了群众。

2. 明确职责，建立各行为主体合作治理格局

其中理顺了技术服务主体、监督主体、责任主体和行为主体的关系是朝阳模式的最大特点。图6-4为8070个万米技术网格，图6-5为507个行政单元即管理主体，图6-6为237个监督主体，由城市监督指挥中心负责。

技术平台完成大数据的集成、动态更新、实时发布。管理主体的工作依托平台，责任到人，实时展开，在责任主体之外有监督主体，责任也落实到人，由于技术支撑强、反馈及时、监督到位，实际上多元主体自我行为管理非常到位。下文以门前三包工作为例。

数据支持，通过对上万家门前三包责任主体单位进行普查，摸清底数，明确五类责任主体，对每家门前三包责任主体的责任范围进行标注，将单位各类数据加载在该地理信息系统和数据化城市管理平台上。在此基础上，监督员天天检查、天天上报，责任主体天天处置，管理主体天天管理，执法主体天天执法，系统对各类主体自动排名并公示。从22个社区试点运行情况看，在发现问题层面，社区对门前三包责任主体检查次数，是监督员监督次数的4.27倍，在解决问题层面所发现的问题中，99.64%是由社区自行解决的（见表6-2、表6-3）。

图 6-4 技术网格

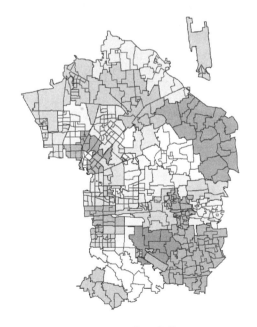

图 6-5 管理主体

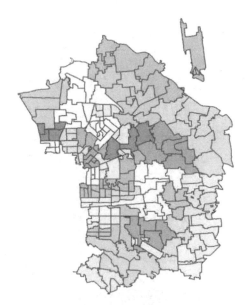

图 6 - 6　监督主体

表 6 - 2　朝阳区 22 个社区门前三包自查和监督检查（2014 年 10 月至 2015 年 2 月）

检查	总数（次）	比例（%）	案件数（件）	良好数（件）
社区自查	6309	81	251	6658
监督员监督	1479	19	309	1170
合　计	7788	100	560	7228

表 6 - 3　案件处置情况

单位：件，%

解决问题	数量	比例
社区解决	558	99.64
城建科解决	2	0.36
城管队解决	0	0

3. 标准化、制度化

　　标准首先涉及的是数据的标准。因为互联网大数据来自多领域，信息是杂乱、非结构性的，所以采集的数据后需要转换，流程需要标准化，处理过程也需要标准化，这样才能对庞大的数据进行有依据的、不随意的、非人为的处置，同时互联网并不能改变社会治理需要多部门协同的本质。多部门协同和配合也需要明确的职责划分，需要强有力的监督和评价，这些都是需要标准化和制度化的地方。

朝阳模式关注标准化和制度化两个环节，社会服务就走上了事事有章可循、处处有法规范的工作轨道，如问题立案结案的标准、发现问题后是否上报进行立案、处理后达到怎样的标准才能结案，这些是任务确立与完成的关键，朝阳模式对这两个重要环节进行了标准化和制度化的把关。并出台了《北京市朝阳区社会服务管理系统监测评价标准》，按照 11 个模块分类成 57 个小类和 533 个系类。在立案至结案的标准中，包含大类代码及名称、小类代码、小类名称、系列名称、案件处置的法定责任主体、案件处置的法律、一系案件管理的法定责任主体、案件管理的法律依据、案件执法的法定责任主体、执法处罚依据、立案标准、结案标准、备注以及完成时限、超时完成时限、上报时限、已检查时限、监督员超时检查时限等。标准纳入系统的每个细节，所有环节依照相关法律法规制定了相关的标准，依法监督，共涉及法律法规 396 部、政策 206 项，通过详细的社会治理案件，划分完善的法律依据、标准的时间限定，使得每一个事件都可以按照标准处理，操作性强，处处有法可依。[①]

二 朝阳模式的机制研究

（一）树"正"

大数据对工作的全流程进行记录、发布、排名和展示。图 6 - 7 是两个年度的治安相关数据统计。数据实时更新，并且反映在每个行为主体和责任主体身上，工作的改进一目了然。

图 6 - 8 是全区门前三包责任单位案件最多的 50 家单位，这种公示本身其实类似一种锦标赛，通过朝阳模式我们甚至可以发现锦标赛存在于平台上相似主体间。

---

① 单克：《北京市朝阳区全模式社会治理应用问题及对策分析》，学术论文联合比对库，2017 年 4 月 9 日。

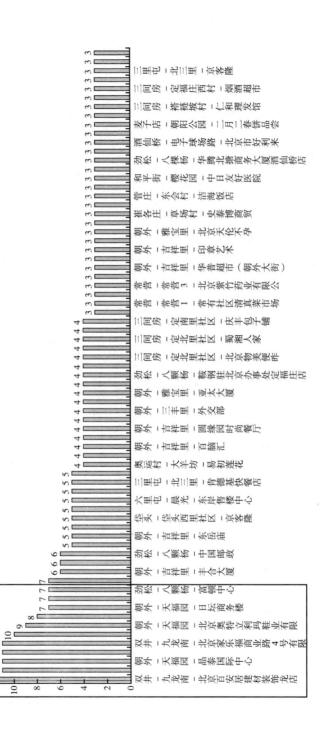

发案数进入前50名的单位情况（2011年1～12月累计共280家单位）

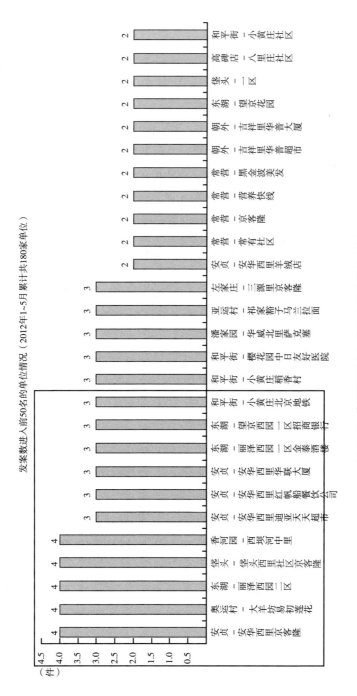

发案数进入前50名的单位情况（2012年1~5月累计共180家单位）

图6-7 朝阳区两个年度治安相关数据统计

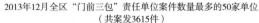

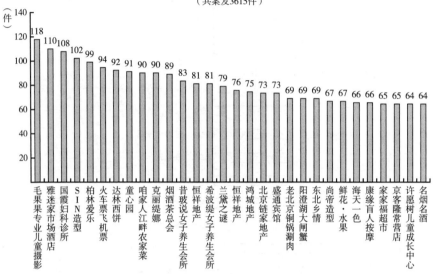

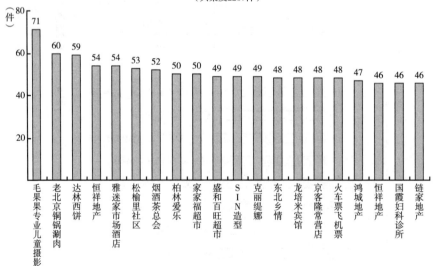

图6-8 朝阳区门前三包责任单位案件最多的50家单位

将大数据的作用发挥出来其实是社会行动中的一种"扶正祛邪",它有明确的规则、确定的结果和要对结果负责的人。

（二）去"懒"

用大数据进行社会治理还有一个去"懒"的功能,没有一劳永逸的事项,数据流转就是工作流转和绩效流转。工作人员"懒"政的情况明显好转,表6-4、图6-9是城区监管中心的工作情况记录,他们的晋升和提拔都和业绩紧密相关。

表6-4 历任城区分队长2006~2013年工作绩效排名统计

分队长姓名	总排名	年平均排名	2006年	2007年	2008年	2009年	2010年	2011年	2012年	2013年
闫英平	1	3.33					7		1	2
黄福奇	2	3.88	2	3	1	6	4	4	10	1
王郧昌	3	4.67						9	2	3
方宝	4	5.20	4	4	13	2	3			
任保海	5	5.75	8	1	2	4	4	11	8	8
赵子良	5	5.75	1	5	3	13	11	1	6	6
康彩虹	7	5.83	11	7	4	6	3	4		
马艳鹏	8	6.33			9	9	5	3	7	5
吴国庆	9	7.13	6	6	7	11	6	5	12	4
王秀薇	10	7.25	12	11	5	2	2	10	5	11
钱国军	11	8.13	10	2	10	11	8	12	3	9
夏建虹	12	8.38	13	9	6	10	7	6	4	12
赵建光	13	8.75	5	12	12	8	12	2	9	10
袁晓红	14	9.00	14	10	8	5	9	8	11	7

三 朝阳模式的启发

（一）技术先导,而制度是成败之根

"互联网+社会治理"大有可为。它具有敏捷性、动态性和智能化分析的优势。对于发现问题、归并问题和提前预警都有重要的价值。但是不论是网络技术还是大数据挖掘技术,就社会治理领域,对于社会治理

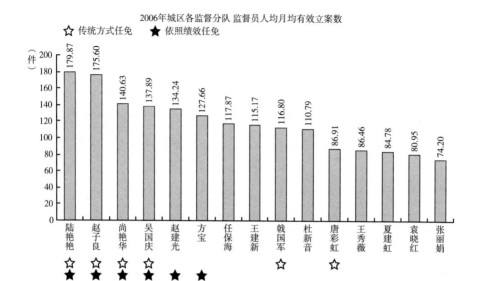

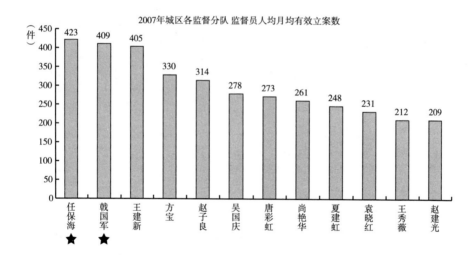

图 6-9　城区监督分队人均月均有效立案数

和应用来讲都仅仅是一个基础条件，人在虚拟世界中所形成的信息和数据不论具有怎样的价值，它都是真实世界的投影。要落实全面的责任主体意识和行动，并且能全面的监管以及展示，数据对社会治理的作用才会真正发挥出来。

（二）闭环机制必不可少

这种闭环机制，大致可以包含几个层面，第一个层面就是责任主体行动轨迹的全面记录和展示以及不断变化的排名。第二个层面是监督或保障主体的到位和切实发挥作用。第三个层面是精神激励和物质激励要结合并重。制度闭环设计是重中之重。

（三）在社会治理领域推广大数据应用

选择不同类型城市进行"互联网＋社会治理"的试点示范。"互联网＋社会治理"本质是社会治理和社会信用体系建设相结合。整合社会组织各类服务，形成社会主体参与社会治理的流程和机制。试点示范的效果以居民满意度和社会感知度为标准来评估，并适时向社会公布。"互联网＋社会治理"的关键不是技术难题，而是制度改革与优化同步跟上。

第七章
创新社会治理——以公共服务为载体

第一节　基本公共服务体系

　　基本公共服务体系是指由基本公共服务范围和标准、资源配置、管理运行、供给方式以及绩效评价等所构成的系统性、整体性的制度安排。[①] 基本公共服务体系由诸多相互联系的要素构成，体现系统性、统一性和协调性。

　　基本公共服务均等化，指全体公民都能公平可及地获得大致均等的基本公共服务，其核心是机会均等，而不是简单的平均化和无差异化。"十三五"规划通过健全国家基本公共服务制度、制定国家基本公共服务清单、加大贫困地区和特困人群帮扶力度等一系列措施，着力缩小城乡、区域、人群间的服务水平差距，推动基本公共服务全覆盖，提高区域服务均等化水平，保障基本公共服务的公平性和普惠性。

一　基本公共服务内容

　　《国家基本公共服务体系"十二五"规划》将"十二五"期间的国家基本公共服务内容区分为九大领域 44 类 80 个基本公共服务项目，并对每一

---

　　① 《国家基本公共服务体系"十二五"规划》，《光明日报》2012 年 7 月 20 日。

类基本公共服务给予具体阐释。系统提出基本民生领域的顶层设计和制度安排，明确政府民生兜底职责和公民基本权利。

《"十三五"推进基本公共服务均等化规划》首次推出国家基本公共服务清单，将"十三五"期间的国家基本公共服务内容分为八大领域81个基本公共服务项目，并明确服务对象、服务指导标准、支出责任、牵头负责单位。

在国家基本公共服务内容框架的基础上，各地根据自身财力、社会公众需求和区域特点等因素，对基本公共服务内容进行了扩充，从而提高了公共服务的普惠性和受益水平（见表7-1）。

表7-1　"十二五"及"十三五"时期国家基本公共服务内容框架对比

领域	"十二五"规划基本公共服务内容	"十三五"规划基本公共服务内容
基本公共教育	➢为适龄儿童、少年提供免费九年义务教育，为农村义务教育阶段寄宿生提供免费住宿，并为家庭经济困难寄宿生提供生活补助 ➢为贫困地区农村义务教育学生实施营养改善计划 ➢为农村学生、城镇家庭经济困难学生和涉农专业学生提供免费中等职业教育 ➢为家庭经济困难学生接受普通高中教育提供资助 ➢为家庭经济困难儿童、孤儿和残疾儿童接受学前教育提供资助	➢免费义务教育 ➢农村义务教育学生营养改善 ➢寄宿生生活补助 ➢普惠性学前教育资助 ➢中等职业教育国家助学金 ➢中等职业教育免除学杂费 ➢普通高中国家助学金 ➢免除普通高中建档立卡等家庭经济困难学生学杂费
劳动就业服务	➢为全体劳动者免费提供就业信息、就业政策咨询、职业指导和职业介绍、就业失业登记等服务 ➢为就业困难人员和零就业家庭提供就业援助 ➢为失业人员、农民工、残疾人、新成长劳动力等提供职业技能培训和技能鉴定补贴 ➢为全体劳动者免费提供劳动关系协调、劳动人事争议调解仲裁和劳动保障监察执法维权等服务	➢基本公共就业服务 ➢创业服务 ➢就业援助 ➢就业见习服务 ➢大中城市联合招聘服务 ➢职业技能培训和技能鉴定 ➢"12333"人力资源和社会保障服务热线电话咨询 ➢劳动关系协调 ➢劳动人事争议调解仲裁 ➢劳动保障监察

创新社会治理：行动者的逻辑

续表

领域	"十二五"规划基本公共服务内容	"十三五"规划基本公共服务内容
社会保险	➤职工享有职工基本养老保险，农村居民享有新型农村社会养老保险，城镇居民享有城镇居民社会养老保险 ➤职工享有职工基本医疗保险，农村居民享有新型农村合作医疗，城镇居民享有城镇居民基本医疗保险 ➤职工享有失业保险、工伤保险、生育保险	➤职工基本养老保险 ➤城乡居民基本养老保险 ➤职工基本医疗保险 ➤生育保险 ➤城乡居民基本医疗保险 ➤失业保险 ➤工伤保险
基本社会服务	➤为城乡困难群体提供最低生活保障和专项救助 ➤为农村五保对象提供吃、穿、住、医、葬方面的生活照顾和物质帮助 ➤为自然灾害受灾人员提供救助 ➤为城市生活无着的流浪乞讨人员提供救助 ➤为残疾人、孤儿、精神病人等特殊群体提供福利服务 ➤为老年人提供基本养老服务 ➤为优抚安置对象提供优待抚恤和安置服务 ➤为城乡居民免费提供婚姻登记服务 ➤为身故者提供基本殡葬服务	➤最低生活保障 ➤特困人员救助供养 ➤医疗救助 ➤临时救助 ➤受灾人员救助 ➤法律援助 ➤老年人福利补贴 ➤困境儿童保障 ➤农村留守儿童关爱保护 ➤基本殡葬服务 ➤优待抚恤 ➤退役军人安置 ➤重点优抚对象集中供养
基本医疗卫生	➤为城乡居民免费提供居民健康档案、健康教育、预防接种、传染病防治、儿童保健、孕产妇保健、老年人保健、高血压等慢性病管理、重性精神疾病管理、卫生监督协管等国家基本公共卫生服务 ➤实施国家免疫规划，艾滋病和结核病、血吸虫病等重大传染病防治，农村妇女住院分娩补助，适龄妇女宫颈癌乳腺癌检查等重大公共卫生项目	➤居民健康档案 ➤健康教育 ➤预防接种 ➤传染病及突发公共卫生事件报告和处理 ➤儿童健康管理 ➤孕产妇健康管理 ➤老年人健康管理 ➤慢性病患者管理 ➤严重精神障碍患者管理

领域	"十二五"规划基本公共服务内容	"十三五"规划基本公共服务内容
基本医疗卫生	➢实施国家基本药物制度，基本药物全部纳入基本医疗保障药物报销目录，并实行零差率销售 ➢为公众安全用药提供保障，确保药品质量和安全	➢卫生计生监督协管 ➢结核病患者健康管理 ➢中医药健康管理 ➢艾滋病病毒感染者和病人随访管理 ➢社区艾滋病高危行为人群干预 ➢免费孕前优生健康检查 ➢基本药物制度 ➢计划生育技术指导咨询 ➢农村部分计划生育家庭奖励扶助 ➢计划生育家庭特别扶助 ➢食品药品安全保障
人口和计划生育	➢为育龄人群免费提供避孕药具和避孕、节育技术服务 ➢为符合条件的育龄夫妇免费提供再生育技术服务 ➢为城乡居民免费提供计划生育、优生优育、生殖健康等科普宣传教育和咨询服务 ➢为符合条件的计划生育家庭提供奖励扶助	
基本住房保障	➢为城镇低收入住房困难家庭提供廉租住房或租赁补贴 ➢为城镇中等偏下收入住房困难家庭、新就业无房职工和城镇稳定就业的外来务工人员提供公共租赁住房 ➢为符合条件的棚户区居民实施住房改造 ➢为农村困难家庭危房改造提供补助	➢公共租赁住房 ➢城镇棚户区住房改造 ➢农村危房改造

续表

领域	"十二五"规划基本公共服务内容	"十三五"规划基本公共服务内容
公共文化体育	➤向全民免费开放基层公共文化体育设施，逐步扩大公共图书馆、文化馆（站）、博物馆、美术馆、纪念馆、科技馆、工人文化宫、青少年宫等免费开放范围 ➤为全民免费提供基本的广播电视服务和突发事件应急广播服务 ➤为农村居民免费提供文化信息资源共享、电影放映、送书送报送戏等公益性文化服务 ➤加强文化遗产保护和综合利用 ➤为城乡居民参加全民健身活动提供免费指导服务	➤公共文化设施免费开放 ➤送地方戏 ➤收听广播 ➤观看电视 ➤观赏电影 ➤读书看报 ➤少数民族文化服务 ➤参观文化遗产 ➤公共体育场馆开放 ➤全民健身服务
残疾人基本公共服务	➤为符合条件的贫困残疾人参加社会保险按规定给予补贴 ➤为0~6岁残疾儿童免费提供抢救性康复 ➤为适龄残疾儿童、少年免费提供义务教育，并针对特殊需要适当提高补助水平 ➤为残疾人免费提供就业服务和就业援助 ➤为残疾人提供盲人阅读、聋人手语及影视字幕、特殊艺术、自强健身等公共文化体育服务 ➤为残疾人提供无障碍环境	➤困难残疾人生活补贴和重度残疾人护理补贴 ➤无业重度残疾人最低生活保障 ➤残疾人基本社会保险个人缴费资助和保险待遇 ➤残疾人基本住房保障 ➤残疾人托养服务 ➤残疾人康复 ➤残疾人教育 ➤残疾人职业培训和就业服务 ➤残疾人文化体育 ➤无障碍环境支持

资料来源：《"十三五"推进基本公共服务均等化规划》。

二 基本公共服务目标人群

针对各领域的发展阶段和不同特征，"十二五"规划及"十三五"规划分别对各自时期内基本公共教育、劳动就业服务、社会保险、基本社会服务、基本医疗卫生、人口和计划生育、基本住房保障、公共文化体育、残疾人基本公共服务等领域的目标人群做了具体规定。

（一）基本公共教育服务目标人群

基本公共教育包括学前教育、义务教育和高中教育。普惠学前教育招收家庭困难和残障儿童。义务教育向全体国民适龄人口提供，国家规定适龄儿童必须接受义务教育。为了保障贫困地区和家庭困难学生入学实施农村义务教育学生营养改善项目和寄宿生生活补助政策。高中阶段教育主要是支持职业教育的学费减免和助学金，以及面向全日制普通高中家庭困难学生的助学金（见表7－2）。

表7－2 "十三五"时期基本公共教育服务目标人群

领域	类别	服务项目	目标人群
基本公共教育	义务教育	免费义务教育	义务教育学生
		农村义务教育学生营养改善	贫困地区农村义务教育学生
		寄宿生生活补助	义务教育家庭经济困难寄宿学生
	高中阶段教育	中等职业教育国家助学金	中等职业学校全日制正式学籍一、二年级在校涉农专业学生和非涉农专业家庭经济困难学生；六盘山区等11个集中连片特困地区和西藏、四省藏区、新疆南疆四地州中等职业学校农村（不含县城）学生
		中等职业教育免除学杂费	公办中等职业学校全日制正式学籍一、二、三年级在校生中所有农村（含县镇）学生，城市涉农专业学生和家庭经济困难学生（艺术类相关表演专业学生除外），符合条件的民办职业学校学生
		普通高中国家助学金	普通高中在校生中的家庭经济困难学生
		免除普通高中建档立卡等家庭经济困难学生学杂费	公办普通高中建档立卡等家庭经济困难在校学生（含非建档立卡的家庭经济困难残疾学生、农村低保家庭学生、农村特困救助供养学生），符合条件的民办普通高中学生
	普惠性学前教育	普惠性学前教育资助	经县级以上教育行政部门审批设立的普惠性幼儿园在园家庭经济困难儿童、孤儿和残疾儿童

资料来源：《"十三五"推进基本公共服务均等化规划》。

（二）劳动就业服务目标人群

劳动就业基本公共服务包括公共就业、创业服务、职业培训、劳动关系协调和劳动者权益保护等四个方面，覆盖有就业需求的劳动年龄人口。同时，针对就业困难人群、大学生、创业者、青年人才有不同的服务支持。创业服务、职业技能培训和技能鉴定方面政府都有专项补助。所有劳动者都是劳动关系协调和劳动者权益保护对象（见表7-3）。

表7-3 "十三五"时期劳动就业服务目标人群

领域	类别	服务项目	目标人群
劳动就业服务	公共就业	基本公共就业服务	有就业需求的劳动年龄人口
		就业援助	零就业家庭和符合条件的就业困难人员
		就业见习服务	离校一年内未就业高校毕业生
		大中城市联合招聘服务	有求职愿望的高校毕业生和青年人才以及有招聘需求的各类用人单位
	创业服务	创业服务	有创业需求的劳动者
	职业培训	职业技能培训和技能鉴定	城乡各类有就业创业、提升岗位技能要求和培训愿望的劳动者
	劳动关系协调和劳动者权益保护	"12333"人力资源和社会保障服务热线电话咨询	所有单位和个人
		劳动关系协调	用人单位和与之建立劳动关系的劳动者
		劳动人事争议调解仲裁	存在劳动人事关系的用人单位和劳动者
		劳动保障监察	各类用人单位和劳动者

（三）社会保险服务目标人群

截至2018年底，我国基本养老保险制度覆盖人数超过9.4亿人，其中职工基本养老保险参保人数4.18亿人，居民养老保险参保人数5.24亿人。考虑2.49亿15岁以下少年儿童不在制度保障对象范围，制度覆盖率已经达到82.5%左右，初步实现了人群全覆盖的目标（见表7-4）。

截至 2018 年末，基本医疗保险参保人数 13.45 亿人，参保覆盖面稳定在 95% 以上。其中参加职工基本医疗保险人数 3.17 亿人，参加城乡居民基本医疗保险人数 8.97 亿人，新型农村合作医疗参保人数 1.3 亿人。在职工基本医疗保险参保人员中，在职职工 2.33 亿人，退休人员 8373 万人。具体如表 7 - 4 所示。

表 7 - 4　"十三五"时期社会保险服务目标人群

领域	类别	服务项目	目标人群
社会保险	基本养老保险	职工基本养老保险	符合条件的参保退休人员
		城乡居民基本养老保险	符合条件的城乡居民
	基本医疗保险	职工基本医疗保险	职工、无雇工的个体工商户、非全日制从业人员及灵活就业人员
		城乡居民基本医疗保险	除职工基本医疗保险应参保人员以外的其他所有城乡居民（包括农村人口和城镇非就业人员）
	失业、工伤和生育保险	失业保险	依法参保并足额缴纳失业保险费的用人单位及其职工、失业人员
		工伤保险	企业、事业单位、社会团体、民办非企业单位、基金会、律师事务所、会计师事务所等组织的职工和个体工商户的雇工
		生育保险	各类企业、机关、事业单位、社会团体等用人单位

（四）基本社会服务目标人群

基本社会服务的目标人群是社会弱势群体、特殊群体和困境群体，给予最低生活保障人群、特困人群生活补助和医疗救助等。对意外和突发灾害、疾病等陷入困境人群有临时救助项目。老人、儿童、退役军人等也有专门项目予以覆盖（见表 7 - 5）。

表 7–5   "十三五"时期基本社会服务目标人群

领域	类别	服务项目	目标人群
基本社会服务	社会救助	最低生活保障	家庭成员人均收入低于当地最低生活保障标准,且符合当地最低生活保障家庭财产状况规定的家庭
		特困人员救助供养	无劳动能力、无生活来源且无法定赡养、抚养、扶养义务人,或者其法定义务人无赡养、抚养、扶养能力的老年人、残疾人以及未满16周岁的未成年人
		医疗救助	重点救助对象:最低生活保障家庭成员和特困救助供养人员 低收入救助对象:低收入家庭的老年人、未成年人、重度残疾人和重病患者,以及其他特殊困难人员 重特大疾病医疗救助对象:除上述救助对象以外,还包括因病致贫家庭重病患者 疾病应急救助对象:在中国境内发生急重危伤病、需要急救但身份不明确或无力支付相应费用的患者
		临时救助	家庭对象:因火灾、交通事故等意外事件,家庭成员突发重大疾病等原因,导致基本生活暂时出现严重困难的家庭;因生活必需支出突然增加超出家庭承受能力,导致基本生活暂时出现严重困难的最低生活保障家庭;遭遇其他特殊困难的家庭 个人对象:因遭遇火灾、交通事故、突发重大疾病或其他特殊困难,暂时无法得到家庭支持,导致基本生活陷入困境的个人
		受灾人员救助	基本生活受到自然灾害严重影响的人员
		法律援助	经济困难公民和特殊案件当事人
	社会福利	老年人福利补贴	经济困难的高龄、失能老年人
		困境儿童保障	因家庭贫困导致生活、就医、就学等困难的儿童,因自身残疾导致康复、照料、护理和社会融入等困难的儿童,以及因家庭监护缺失或监护不当遭受虐待、遗弃、意外伤害、不法侵害等导致人身安全受到威胁或侵害的儿童
		农村留守儿童关爱保护	父母双方外出务工或一方外出务工另一方无监护能力、未满16周岁的农村户籍未成年人

续表

领域	类别	服务项目	目标人群
基本社会服务	社会事务	基本殡葬服务	执行国家殡葬政策的困难群众
	优抚安置	优待抚恤	享受国家抚恤补助的优抚人员
		退役军人安置	退役军人
		重点优抚对象集中供养	需要常年医疗或者独身一人不便分散安置的一级至四级残疾退役军人；老年、残疾或者未满16周岁的烈士遗属、因公牺牲军人遗属、病故军人遗属和进入老年的残疾军人、复员军人、退伍军人中无法定赡养人（扶养人、抚养人）或赡养人（扶养人、抚养人）无赡养（扶养、抚养）能力且享受国家定期抚恤补助待遇的优抚对象

（五）基本医疗卫生服务目标人群

基本医疗卫生项目覆盖全民，在基本公共服务81个项目中占1/4。其中儿童免疫接种项目最易推广，而健康管理项目执行难度较大。伴随健康中国行动，健康倡导和基本公共服务后续项目整合后，随着居民对健康的责任意识强化，公共服务的效果和满意度会提升（见表7-6）。

表7-6　"十三五"时期基本医疗卫生服务目标人群

领域	类别	服务项目	目标人群
基本医疗卫生	重大疾病防治和基本公共卫生服务	居民健康档案	城乡居民
		健康教育	城乡居民
		预防接种	0~6岁儿童和其他重点人群
		传染病及突发公共卫生事件报告和处理	法定传染病病人、疑似病人、密切接触者和突发公共卫生事件伤病员及相关人群
		儿童健康管理	0~6岁儿童
		孕产妇健康管理	孕产妇
		老年人健康管理	65岁及以上老年人
		慢性病患者管理	原发性高血压患者和Ⅱ型糖尿病患者
		严重精神障碍患者管理	严重精神障碍患者
		卫生计生监督协管	城乡居民

续表

领域	类别	服务项目	目标人群
基本医疗卫生	医疗卫生服务	结核病患者健康管理	辖区内确诊的肺结核患者
		中医药健康管理	65 岁以上老人、0～3 岁儿童
		艾滋病病毒感染者和病人随访管理	艾滋病病毒感染者和病人
		社区艾滋病高危行为人群干预	艾滋病性传播高危行为人群
	妇幼健康和计划生育服务管理	免费孕前优生健康检查	农村计划怀孕夫妇
		计划生育技术指导咨询	育龄人群
		农村部分计划生育家庭奖励扶助	年满 60 周岁、只生育一个子女或两个女孩的农村计划生育家庭夫妇
		计划生育家庭特别扶助	符合条件的独生子女伤残、死亡的父母及节育手术并发症三级以上人员
	食品药品安全	基本药物制度	城乡居民
		食品药品安全保障	城乡居民

（六）基本住房保障服务目标人群

为保障民众住有所居，《"十三五"推进基本公共服务均等化规划》提出两项发展目标，到 2020 年城镇棚户区改造 2000 万套，农村建档立卡贫困户、低保户、分散供养特困人群、贫困残疾人家庭等 4 类重点对象农村危房改造达 585 万户（见表 7 - 7）。

表 7 - 7　"十三五"时期基本住房保障服务目标人群

领域	类别	服务项目	目标人群
基本住房保障	基本住房保障	公共租赁住房	符合条件的城镇低收入住房困难家庭、城镇中等偏下收入住房困难家庭、新就业无房职工、城镇稳定就业的外来务工人员
		城镇棚户区住房改造	符合条件的城镇居民
		农村危房改造	居住在危房中的建档立卡贫困户、分散供养特困人员、低保户、贫困残疾人家庭等贫困农户

（七）公共文化体育服务目标人群

公共文化和体育服务是覆盖全民的，包括公共文化、广播影视、新闻出版、文化遗产展示、群众体育，目前对基本公共文化体育服务强调的是供给，对产出质量和服务使用情况尚缺乏有效评估（见表7－8）。

表7－8　"十三五"时期公共文化体育服务目标人群

领域	类别	服务项目	目标人群
公共文化体育	公共文化	公共文化设施免费开放	城乡居民
		送地方戏	农村居民
	广播影视	收听广播	城乡居民
		观看电视	城乡居民
		观赏电影	农村居民、中小学生
	新闻出版	读书看报	城乡居民
		少数民族文化服务	主要少数民族地区居民
	文化遗产展示	参观文化遗产	未成年人、老年人、现役军人、残疾人和低收入人群
	群众体育	公共体育场馆开放	城乡居民
		全民健身服务	城乡居民

（八）残疾人基本公共服务

国家提供适合残疾人特殊需求的基本公共服务，为残疾人平等参与社会发展创造便利化条件和友好型环境。具体包括：困难残疾人生活补贴和重度残疾人护理补贴、无业重度残疾人最低生活保障、残疾人基本社会保险个人缴费资助和保险待遇、残疾人基本住房保障、残疾人托养服务、残疾人康复、残疾人教育、残疾人职业培训和就业服务及残疾人文化体育和无障碍环境支持（见表7－9）。

表7－9　"十三五"时期残疾人基本公共服务目标人群

领域	类别	服务项目	目标人群
残疾人基本公共服务	残疾人基本生活	困难残疾人生活补贴和重度残疾人护理补贴	困难残疾人和重度残疾人
		无业重度残疾人最低生活保障	生活困难、靠家庭供养且无法单独立户的成年无业重度残疾人

领域	类别	服务项目	目标人群
残疾人基本公共服务	残疾人就业、创业和社保服务	残疾人基本社会保险个人缴费资助和保险待遇	贫困和重度残疾人
		残疾人基本住房保障	残疾人
		残疾人托养服务	就业年龄段智力、精神及重度肢体残疾人
		残疾人康复	有康复需求的持证残疾人、残疾儿童
		残疾人教育	残疾儿童、青少年
		残疾人职业培训和就业服务	有劳动能力和就业意愿的城乡残疾人
	残疾人康复、教育、文体和无障碍服务	残疾人文化体育	残疾人
		无障碍环境支持	残疾人、老年人等

三　基本标准

基本公共服务标准是指在一定时期内为实现既定目标而针对基本公共服务活动所制定的技术和管理等规范，也是国家提供基本公共服务的最低要求。基本标准根据国家相关法律法规来制定，旨在保障基本公共服务提供的规模和质量，明确工作任务的事权和支出责任，为基本公共服务供给的绩效评估提供衡量标准和判断依据，促进城乡、区域和群体之间的均衡发展。

作为满足全体公民生存和发展基本需求的保障，基本标准由实现该项基本公共服务供给所需要的人力、财力、物力等因素来综合决定，因此通常具有不可逆性，即基本标准一旦确定，一般情况下就只升不降。同时，基本标准还会随着基本公共服务内容增加、物价变化和城乡居民收入增加来进行调整，总体而言以提高标准为主基调。

基本标准分为"硬"标准和"软"标准。"硬"标准主要包括设施建设、设备配置、人员配备和服务规范等具体标准，一般由行业主管部门会同有关部门及国家标准化行政管理部门制定实施。"软"标准主要包括内容标准、经费标准和待遇标准等，内容标准是指基本公共服务项目应该分解为哪些具体内容，经费标准是指为实现该项目最低安排多少经费支出，待遇标准是指社会公众最低能够得到什么水平的服务待遇。国家基本标准的"软"标准在"十二五"规划及"十三五"规划中得到确定，各省（区、市）遵循实施国家基本标准，并可结合本地区实际情况适当提高标准。

（一）基本公共教育服务国家标准

基本公共教育服务包括义务教育阶段、高中教育阶段和普惠性学前教育的一些符合规定的目标人群。和大多数公共服务项目补供给不同，教育服务是补需方的。免费义务教育向所有学龄儿童提供，在农村实施学生营养改善项目，同时为寄宿生提供 1000～1250 元不等的生活补助。高中阶段主要是职业教育国家助学金、贫困学生的普通高中免除学杂费和助学金。普惠性学前教育开始试点（见表 7-10）。

表 7-10　"十三五"时期基本公共教育服务国家基本标准

领域	类别	服务项目	基本标准
基本公共教育	义务教育	免费义务教育	对城乡义务教育学生免除学杂费,免费提供教科书;统一城乡义务教育学校生均公用经费基准定额
		农村义务教育学生营养改善	在集中连片特困地区开展国家试点,中央财政为试点地区学生提供每生每年 800 元的营养膳食补助,鼓励各地因地制宜开展地方试点
		寄宿生生活补助	小学生每生每年 1000 元,初中生每生每年 1250 元
	高中阶段教育	中等职业教育国家助学金	国家助学金每生每年 2000 元,中央财政按区域确定家庭经济困难学生比例,西部地区按在校学生的 20% 确定,中部地区按在校学生的 15% 确定,东部地区按在校学生的 10% 确定
		中等职业教育免除学杂费	按各省(区、市)人民政府及其价格、财政主管部门确定的学费标准免除学杂费。公办中等职业学校,中央财政统一按平均每生每年 2000 元标准,与地方按比例分担免除学杂费补助资金。符合条件的民办职业学校学生参照当地同类型、同专业公办学校免除学杂费标准予以补助

续表

领域	类别	服务项目	基本标准
基本公共教育	高中阶段教育	普通高中国家助学金	国家助学金平均资助标准为每生每年2000元，具体标准由各地结合实际分档确定
		免除普通高中建档立卡等家庭经济困难学生学杂费	按各省（区、市）人民政府及其价格、财政主管部门确定的学费标准免除学杂费（不含住宿费）。中央财政逐省（区、市）核定免学杂费财政补助标准。符合条件的民办学校学生参照当地同类型公办学校免除学杂费标准予以补助
	普惠性学前教育	普惠性学前教育资助	减免保育教育费，补助伙食费，具体资助方式和资助标准由省级人民政府结合本地实际自行制定

（二）劳动就业服务国家标准

劳动就业服务包括公共就业、创业服务、职业培训和劳动关系协调和劳动者权益保护四大领域10个服务项目（见表7-11）。

表7-11 "十三五"时期劳动就业服务国家基本标准

领域	类别	服务项目	基本标准
劳动就业服务	公共就业	基本公共就业服务	提供就业政策法规咨询、职业供求信息、市场工资指导价位信息和职业培训信息、职业指导和职业介绍、就业登记和失业登记、流动人员人事档案管理等服务
		就业援助	提供政策咨询、职业指导、岗位信息等服务，使城镇有就业能力的零就业家庭至少一人就业
		就业见习服务	组织有意愿的离校未就业毕业生参加就业见习；指导见习单位和见习人员签订见习协议，安排带教老师，为见习人员办理人身意外保险；见习单位和地方人民政府为见习人员提供基本生活补助。对见习期满留用率达到50%以上的见习单位，适当提高见习补贴标准

续表

领域	类别	服务项目	基本标准
劳动就业服务	公共就业	大中城市联合招聘服务	提供大中城市联动、线上线下融合的招聘服务，方便服务对象登录用人单位需求库和求职简历（岗位）筛查和需求分析、预就业创业体验、双向定制推荐岗位（人才）信息、就业创业指导、实用基础课程培训等就业服务
	创业服务	创业服务	提供项目选择、开业指导、融资对接、岗位信息等服务，对符合政策规定的创业者提供创业担保贷款扶持
	职业培训	职业技能培训和技能鉴定	贫困家庭子女、毕业年度高校毕业生、城乡未继续升学的应届初高中毕业生、农村转移就业劳动者、城镇登记失业人员，以及符合条件的企业在职职工可按规定享受职业培训补贴；按规定给予参加劳动预备制培训的农村学员和城市低保家庭学员一定生活费补贴；符合条件人员享受职业技能鉴定补贴
	劳动关系协调和劳动者权益保护	"12333"人力资源和社会保障服务热线电话咨询	提供就业、社会保障、劳动关系、人事制度、人才建设、工资收入分配等方面的政策咨询及信息查询服务。人工服务为 5×8 小时，自助语音服务为 7×24 小时，综合接通率达到80%以上
		劳动关系协调	提供劳动关系政策咨询、劳动用工指导、获得劳动合同和集体合同示范文本、劳动纠纷调解、集体协商指导等服务，推动企业劳动合同签订率达到90%以上
		劳动人事争议调解仲裁	提供劳动人事争议调解和仲裁服务，推动劳动人事争议调解成功率达到60%以上，仲裁案件结案率达到90%以上
		劳动保障监察	提供法律咨询和执法维权服务

（三）社会保险服务国家标准

社会保险实现了广覆盖，在养老金标准、医疗待遇、自付比例方面与国外一些发达国家尚有距离，需要完善与经济社会发展联动的调整机制（见表7－12）。

表 7 - 12   "十三五"时期社会保险服务国家基本标准

领域	类别	服务项目	基本标准
社会保险	基本养老保险	职工基本养老保险	发放基本养老金,包括基础养老金和个人账户养老金,对改革前参加工作、改革后退休的参保人员增发过渡性养老金,建立基本养老金合理调整机制
		城乡居民基本养老保险	发放基础养老金和个人账户养老金。目前,国家确定的基础养老金最低标准为每人每月 70 元[①]。根据经济发展和物价变动等情况,建立基础养老金水平合理调整机制
	基本医疗保险	职工基本医疗保险	政策范围内住院费用医保基金支付比例稳定在 75% 左右
		城乡居民基本医疗保险	整合城镇居民基本医疗保险和新型农村合作医疗保险,政策范围内住院费用医保基金支付比例稳定在 75% 左右,大病保险的报销比例达到 50% 以上
	失业、工伤和生育保险	失业保险	对符合条件的失业人员支付失业保险金、基本医疗保险费、丧葬补助金和抚恤金等,对符合条件的企业给予各类稳定岗位补贴。参保人数在 1.8 亿人左右
		工伤保险	保障因工作遭受事故伤害或者患职业病的职工获得医疗救治和经济补偿,促进工伤预防和职业康复。工伤保险基金和用人单位按规定支付工伤医疗和康复费用、伤残津贴和补助、生活护理费及工亡补助等。参保人数达到 2.2 亿人以上
		生育保险	基金支付生育期间的医疗费和生育津贴,生育津贴按职工所在用人单位上年度职工月平均工资计发

（四）基本社会服务国家标准

基本社会服务参与率和公众知晓率高，针对弱势群体、困境儿童和特困人员、退役军人有具体的帮扶条件及待遇标准（见表 7 - 13）。

---

① 《8 大领域基本公共服务清单公布　明确政府兜底责任》，天津频道 - 人民网。

表 7-13　"十三五"时期基本社会服务国家基本标准

领域	类别	服务项目	基本标准
基本社会服务	社会救助	最低生活保障	按照共同生活的家庭成员人均收入低于当地最低生活保障标准的差额,按月发给最低生活保障金
		特困人员救助供养	提供基本生活条件;对生活不能自理的给予照料;提供疾病治疗;办理丧葬事宜;对符合规定标准的住房困难的分散供养特困人员,给予住房救助;对在义务教育阶段就学的特困人员,给予教育救助;对在高中教育(含中职)、普通高等教育阶段就学的特困人员,根据实际情况给予适当教育救助
		医疗救助	对重点救助对象参加城乡居民基本医疗保险的个人缴费部分进行补贴,对特困救助供养人员给予全额资助,对最低生活保障家庭成员给予定额资助。重点救助对象在定点医疗机构发生的政策范围内住院费用中,对经过基本医疗保险、城乡居民大病保险及各类补充医疗保险、商业保险报销的个人负担费用,在年度救助限额内按不低于70%的比例给予救助。对重点救助对象和低收入救助对象经基本医疗保险、城乡居民大病保险及各类补充医疗保险、商业保险等报销后个人负担的合规医疗费用,直接予以补助;因病致贫家庭重病患者等其他救助对象负担的合规医疗费用,先由其个人支付,对超过家庭负担能力的部分予以救助。医疗机构对疾病应急救助对象紧急救治所发生的费用,可向疾病应急救助基金申请补助
		临时救助	为救助对象发放临时救助金;根据临时救助标准和救助对象基本生活需要,发放衣物、食品、饮用水,提供临时住所;对给予临时救助金、实物救助后,仍不能解决临时救助对象困难的,可分情况提供转介服务。县级以上地方人民政府根据救助对象困难类型、困难程度,统筹考虑其他社会救助制度保障水平,合理确定临时救助标准,并适时调整

续表

领域	类别	服务项目	基本标准
基本社会服务	社会救助	受灾人员救助	及时为受灾人员提供必要的食品、饮用水、衣被、取暖、临时住所、医疗防疫等应急救助；对住房损毁严重的受灾人员进行过渡性安置；及时核实本行政区域内居民住房恢复重建补助对象，并给予资金、物资等救助；受灾地区人民政府应当为因当年冬寒或者次年春荒遇到生活困难的受灾人员提供基本生活救助
		法律援助	提供必要的法律咨询、代理、刑事辩护等无偿法律服务
	社会福利	老年人福利补贴	对经济困难的高龄老年人，逐步给予养老服务补贴；对生活长期不能自理、经济困难的老年人，给予护理补贴
		困境儿童保障	为困境儿童提供基本生活、基本医疗、教育等服务，落实监护责任。各地统筹考虑困境儿童的困难类型、困难程度、致困原因，完善落实社会救助、社会福利等保障政策
		农村留守儿童关爱保护	强化家庭监护主体责任；落实县、乡镇人民政府和村（居）民委员会职责；加大教育部门和学校关爱保护力度；动员群团组织开展关爱服务；推动社会力量积极参与
	社会事务	基本殡葬服务	为城乡困难群众以减免费用或补贴方式提供遗体接运、暂存、火化、骨灰寄存等基本殡葬服务；为优抚对象及城乡困难群众免费或低收费提供骨灰节地生态安葬服务
	优抚安置	优待抚恤	建立完善优抚对象待遇与贡献相一致的优抚保障体系，将优抚对象优先纳入覆盖一般群众的救助、养老、医疗、住房以及残疾人保障等各项社会保障制度体系
		退役军人安置	自主就业的，在领取退役金后，按规定享受扶持就业优惠政策；其他分别采取安排工作、退休、供养等方式予以安置
		重点优抚对象集中供养	建立完善优抚对象待遇与贡献相一致的优抚保障体系，依托优抚医院、光荣院，给予符合条件的重点优抚对象集中供养、医疗等保障

（五）基本医疗卫生服务国家标准

基本医疗卫生服务领域专业化程度高，基本公共卫生服务有 20 个项目，针对不同的目标人群，确定了具体的工作目标（见表 7 – 14）。

表 7 – 14　"十三五"时期基本医疗卫生服务国家基本标准

领域	类别	服务项目	基本标准
基本医疗卫生	重大疾病防治和基本公共卫生服务	居民健康档案	为辖区常住人口建立统一、规范的居民电子健康档案，建档率逐步达到 90%
		健康教育	提供健康教育、健康咨询等服务
		预防接种	在重点地区，对重点人群进行针对性接种国家免疫规划疫苗。以乡镇（街道）为单位，适龄儿童免疫规划疫苗接种率逐步达到 90% 以上
		传染病及突发公共卫生事件报告和处理	就诊的传染病病例和疑似病例以及突发公共卫生事件伤病员及时得到发现、登记、报告、处理，提供传染病防治和突发公共卫生事件防范知识宣传和咨询服务。传染病报告率和报告及时均达到 95%，突发公共卫生事件相关信息报告率达到 100%
		儿童健康管理	提供新生儿访视、儿童保健系统管理、体格检查、儿童营养与喂养指导、生长发育监测及评价和健康指导等服务。0～6 岁儿童健康管理率逐步达到 90%
		孕产妇健康管理	提供孕期保健、产后访视及健康指导服务。孕产妇系统管理率逐步达到 90% 以上
		老年人健康管理	提供生活方式和健康状况评估、体格检查、辅助检查和健康指导等健康管理服务。65 岁及以上老年人健康管理率逐步达到 70%
		慢性病患者管理	提供登记管理、健康指导、定期随访和体格检查服务。全国计划管理高血压患者约 1 亿人，糖尿病患者约 3500 万人
		严重精神障碍患者管理	提供登记管理、随访指导服务。在册患者管理率和精神分裂症治疗率逐步均达到 80% 以上
		卫生计生监督协管	提供食品安全信息报告、饮用水卫生安全巡查、学校卫生服务、非法行医和非法采供血信息报告等服务。逐步覆盖 90% 以上的乡镇

续表

领域	类别	服务项目	基本标准
基本医疗卫生	医疗卫生服务	结核病患者健康管理	提供肺结核筛查及推介转诊、入户随访、督导服药、结果评估等服务。结核病患者健康管理服务率逐步达到90%
		中医药健康管理	通过基本公共卫生服务项目为65岁以上老人提供中医体质辨识和中医保健指导服务，为0～3岁儿童提供中医调养服务。目标人群覆盖率逐步达到65%
		艾滋病病毒感染者和病人随访管理	在医疗卫生机构指导下，为艾滋病病毒感染者和病人提供随访服务。感染者和病人规范管理率逐步达到90%
		社区艾滋病高危行为人群干预	为艾滋病性传播高危行为人群提供综合干预措施。干预措施覆盖率逐步达到90%
	妇幼健康和计划生育服务管理	免费孕前优生健康检查	提供健康教育、健康检查、风险评估和咨询指导等孕前优生服务。目标人群覆盖率逐步达到80%
		计划生育技术指导咨询	提供计划生育技术指导咨询服务、计划生育相关的临床医疗服务、符合条件的再生育技术服务和计划生育宣传服务
		农村部分计划生育家庭奖励扶助	发放一定数额的奖励扶助金，并根据经济社会发展水平实行奖励扶助标准动态调整
		计划生育家庭特别扶助	根据不同情况，给予适当扶助，并根据经济社会发展水平实行特别扶助标准动态调整
	食品药品安全	基本药物制度	政府办基层医疗卫生机构全部实行基本药物零差率销售，按规定纳入基本医疗保险药品报销目录，逐步提高实际报销水平
		食品药品安全保障	对供应城乡居民的食品药品开展监督检查，及时发现并消除风险。对药品医疗器械实施风险分类管理，提高对高风险对象的监管强度

（六）基本住房保障服务国家标准

基本住房保障的国家标准强调的是政府职能和财政责任，在操作层面上还有更细致的执行细则（见表7-15）。

表 7-15 "十三五"时期基本住房保障服务国家基本标准

领域	类别	服务项目	基本标准
基本住房保障	基本住房保障	公共租赁住房	实行实物保障与货币补贴并举,并逐步加大租赁补贴发放力度
		城镇棚户区住房改造	实物安置和货币补偿相结合,具体标准由市、县级人民政府确定(有国家标准的,执行国家标准)。全国开工改造包括城市危房、城中村在内的各类棚户区住房 2000 万套
		农村危房改造	支持符合条件的贫困农户改造危房,各省份确定不同地区、不同类型、不同档次的省级分类补助标准,中央财政给予适当补助,基本完成存量危房改造任务。地震设防地区结合危房改造,统筹开展农房抗震改造

（七）公共文化体育服务国家标准

公共文化体育服务强调的是供给拉动型,对文化内容生产、提供及体育场所配置有一定的标准（见表 7-16）。

表 7-16 "十三五"时期公共文化体育服务国家基本标准

领域	类别	服务项目	基本标准
公共文化体育	公共文化	公共文化设施免费开放	公共图书馆、文化馆(站)、公共博物馆(非文物建筑及遗址类)、公共美术馆等公共文化设施免费开放,基本服务项目健全
		送地方戏	根据群众实际需求,采取政府购买服务等方式,为农村乡镇每年提供戏曲等文艺演出服务
	广播影视	收听广播	为全民提供突发事件应急广播服务。通过直播卫星提供不少于 17 套广播节目,通过无线模拟提供不少于 6 套广播节目,通过数字音频提供不少于 15 套广播节目
		观看电视	通过直播卫星提供 25 套电视节目,通过地面数字电视提供不少于 15 套电视节目,未完成无线数字化转换的地区提供不少于 5 套电视节目

续表

领域	类别	服务项目	基本标准
公共文化体育	广播影视	观赏电影	为农村群众提供数字电影放映服务，其中每年国产新片(院线上映不超过2年)比例不少于1/3。为中小学生每学期提供2部爱国主义教育影片
	新闻出版	读书看报	公共图书馆(室)、文化馆(站)和行政村(社区)综合文化服务中心(含农家书屋)等配备图书、报刊和电子书刊，并免费提供借阅服务；在城镇主要街道、公共场所、居民小区等人流密集地点设置公共阅报栏(屏)，提供时政、"三农"、科普、文化、生活等方面的信息服务
		少数民族文化服务	通过有线、无线、卫星等方式提供民族语言广播影视节目；提供民族语言文字出版的、价格适宜的常用书报刊、电子音像制品和数字出版产品。提供少数民族特色的艺术作品，开展少数民族文化活动
	文化遗产展示	参观文化遗产	参观文物建筑及遗址类博物馆实行门票减免，文化和自然遗产日免费参观
	群众体育	公共体育场馆开放	有条件的公共体育设施免费或低收费开放；推进学校体育设施逐步向公众开放
		全民健身服务	提供科学健身指导、群众健身活动和比赛、科学健身知识等服务；免费提供公园、绿地等公共场所全民健身器材

（八）残疾人基本公共服务国家标准

残疾人基本公共服务国家标准按照伤残等级提高生活补贴和护理补贴，对残疾人参加居民养老、医疗保险提供缴费补贴，此外针对残疾人的住房保障、康复、教育、培训、就业都制定了非常细致的补贴或服务执行标准（见表7-17）。

表 7-17　"十三五"时期残疾人基本公共服务国家基本标准

领域	类别	服务项目	基本标准
残疾人基本公共服务	残疾人基本生活	困难残疾人生活补贴和重度残疾人护理补贴	为低保家庭中的残疾人提供生活补贴,为残疾等级被评定为一级、二级且需要长期照护的重度残疾人提供护理补贴。有条件的地方可逐步提高补贴标准、扩大补贴范围
		无业重度残疾人最低生活保障	经个人申请,可按照单人户纳入最低生活保障范围
	残疾人就业创业和社保服务	残疾人基本社会保险个人缴费资助和保险待遇	为参加居民基本养老保险、居民基本医疗保险的服务对象按规定提供个人缴费补贴;将符合规定的医疗康复项目、基本的治疗性康复辅助器具逐步纳入基本医疗保障范围
		残疾人基本住房保障	对符合基本住房保障条件的城镇残疾人家庭给予优先轮候、优先选房等政策;同等条件下优先为经济困难的残疾人家庭实施农村危房改造,完成农村贫困残疾人家庭存量危房改造任务
		残疾人托养服务	支持日间照料机构和专业托养服务机构为100万残疾人提供护理照料、生活自理能力和社会适应能力训练、职业康复、劳动技能培训、辅助性就业等服务
		残疾人康复	提供康复建档、评估、训练、心理疏导、护理、生活照料、辅具适配、咨询、指导和转介等基本康复服务;开展残疾儿童康复救助,逐步为0~6岁视力、听力、言语、智力、肢体残疾儿童和孤独症儿童免费提供手术、辅助器具配置和康复训练等服务
		残疾人教育	逐步为家庭经济困难的残疾学生提供包括义务教育、高中阶段教育在内的12年免费教育;对残疾儿童普惠性学前教育予以资助;对残疾学生特殊学习用品、教育训练、交通费等予以补助
		残疾人职业培训和就业服务	各级公共就业服务机构及残疾人就业服务机构按规定为城镇残疾人提供有针对性的职业技能培训、岗位技能提升培训、创业培训等就业创业服务;为50万中西部地区农村贫困残疾人提供农业实用技术培训

领域	类别	服务项目	基本标准
残疾人基本公共服务	残疾人康复、教育、文体和无障碍服务	残疾人文化体育	能够收看到有字幕或手语的电视节目，在公共图书馆得到盲文和有声读物等阅读服务；为基层残疾人体育活动场所和残疾人综合服务设施配置适宜的器材器械
		无障碍环境支持	推进公共场所和设施无障碍改造；对贫困重度残疾人家庭继续开展无障碍改造；逐步开展互联网和移动互联网无障碍信息服务

四　支出责任

基本公共服务的支出责任是指基本公共服务供给所需资金的筹资主体结构，以及资金在各筹资主体之间分配比例的制度性安排。

（一）筹资主体结构

基本公共服务的筹资主体主要包括政府、社会、企业和个人，大多数领域和项目由政府出资，少数领域和项目由企业与个人出资，社会发挥参与作用。由企业和个人出资的基本公共服务主要是社会保险，而且承担的是主要出资责任，政府在城乡居民基本养老保险、城镇居民基本医疗保险和新型农村合作医疗上承担补助责任。其他公共服务项目基本上由政府出资，政府的支出责任在各级政府之间进一步细分，国家规划将支出责任在中央政府和地方政府之间划定，省级规划将支出责任在省级政府和地市级、县级政府之间划定。义务教育免费、自然灾害救助、药品安全保障等全国性公共服务由中央政府和地方政府共同分担，最低生活保障、基本养老服务补贴等地方性公共服务由地方政府负责。

（二）资金分配比例

依据不同领域和项目，各筹资主体之间的分配比例有所不同，不同地区的各级政府出资比例也有差异。城镇职工基本养老保险的筹资来源中，用人单位缴纳一般不超过工资总额的20%，职工缴纳本人工资的8%。大多数公共服务项目，中央政府与地方政府的分担比例存在区域性差异，西部地区中央政府承担的比例较高，东部地区较低，中部地区处于中间。

（三）支出责任实现形式

政府责任有负责和补助之分，各级政府之间又有按比例分担、负责与补助相结合之分。除社会保险服务外，政府在其他基本公共服务项目上均负责出资。中等职业教育免费、优待抚恤、农村部分计划生育家庭奖励扶助、公共文化场馆开放、所有残疾人基本服务等项目由中央政府和地方政府按比例分担，寄宿生生活补助、学前教育资助、创业服务、所有基本医疗卫生服务等项目实行地方政府负责和中央财政适当补助相结合的方式，廉租住房和公共租赁住房由市、县政府负责，省级政府给予资金支持，中央给予资金补助（见表7-18）。

表7-18　"十三五"时期国家基本公共服务体系服务项目及对应支出责任

序号	服务项目	支出责任
一、基本公共教育		
1	免费义务教育	中央和地方财政按比例分担
2	农村义务教育学生营养改善	国家试点县学生营养膳食补助所需资金由中央财政承担；地方试点县学生营养膳食补助所需资金由地方财政承担，中央财政给予奖励性补助
3	寄宿生生活补助	中央和地方财政按5:5比例共同分担
4	普惠性学前教育资助	地方人民政府负责，中央财政予以奖补。按照"地方先行，中央补助"的原则开展相关工作
5	中等职业教育国家助学金	中央和地方财政按比例分担：西部地区（不分生源地）以及中部、东部地区（生源地为西部的），中央与地方分担比例为8:2；对中部地区（生源地不是西部的）以及东部地区生源地为中部的，中央与地方分担比例为6:4；东部地区（生源地不是西部、中部的）分担比例分省（市）确定
6	中等职业教育免除学杂费	中央和地方财政按比例分担：西部地区（不分生源地）以及中部、东部地区（生源地为西部的），中央与地方分担比例为8:2；对中部地区（生源地不是西部的）以及东部地区生源地为中部的，中央与地方分担比例为6:4；东部地区（生源地不是西部、中部的）分担比例分省（市）确定

续表

序号	服务项目	支出责任
7	普通高中国家助学金	中央和地方财政按比例分担：西部地区中央与地方分担比例为8：2；中部地区分担比例为6：4；东部地区除直辖市外，按照财力状况分省确定
8	免除普通高中建档立卡等家庭经济困难学生学杂费	中央和地方财政按比例分担：西部地区中央与地方分担比例为8：2；中部地区分担比例为6：4；东部地区除直辖市外，按照财力状况分省确定

二、劳动就业服务

序号	服务项目	支出责任
9	基本公共就业服务	国务院有关部门所属人才中介服务机构开展流动人员人事档案管理所需经费由中央财政予以补助，其余由地方人民政府负责
10	创业服务	地方人民政府负责
11	就业援助	地方人民政府负责
12	就业见习服务	见习人员基本生活补助所需资金由见习单位和地方人民政府分担
13	大中城市联合招聘服务	地方人民政府负责
14	职业技能培训和技能鉴定	地方人民政府负责，国家给予适当补助
15	"12333"人力资源和社会保障服务热线电话咨询	地方人民政府负责
16	劳动关系协调	地方人民政府负责
17	劳动人事争议调解仲裁	地方人民政府负责
18	劳动保障监察	地方人民政府负责

三、基本社会保险

序号	服务项目	支出责任
19	职工基本养老保险	用人单位原则上缴纳工资总额的20%，职工缴纳本人缴费工资的8%。在基本养老保险基金中支出，基本养老保险基金支付不足时财政给予补助
20	城乡居民基本养老保险	在基本养老保险基金中支出。国家确定基础养老金最低标准。中央财政对中西部地区按国家确定的基础养老金标准给予全额补助，对东部地区给予50%补助。地方人民政府对参保人缴费给予补贴
21	职工基本医疗保险	用人单位缴纳工资总额的6%左右，职工缴纳本人缴费工资的2%。具体缴费比例由各统筹地区规定
22	生育保险	用人单位按照不超过工资总额1%的比例缴纳生育保险费，累计结余超过9个月的统筹地区，应将费率控制在用人单位工资总额的0.5%以内。具体缴费比例由各统筹地区规定
23	城乡居民基本医疗保险	个人缴费和政府补助相结合

续表

序号	服务项目	支出责任
24	失业保险	按照《失业保险条例》,城镇企业事业单位按照本单位工资总额的2%缴纳失业保险费,职工按本人缴费工资的1%缴纳失业保险费,农民合同制工人本人不缴纳失业保险费。按照《人力资源社会保障部 财政部关于阶段性降低社会保险费率的通知》(人社部发〔2016〕36号),从2016年5月1日起,失业保险总费率在2015年已降低1个百分点基础上可阶段性降至1%~1.5%。其中个人费率不超过0.5%,降低费率的期限暂按两年执行。具体方案由各省(区、市)确定
25	工伤保险	工伤预防的宣传、培训等费用,劳动能力鉴定费用和工伤保险待遇费用依法由工伤保险基金和用人单位支付
四、基本医疗卫生		
26	居民健康档案	地方人民政府负责,中央财政适当补助
27	健康教育	地方人民政府负责,中央财政适当补助
28	预防接种	地方人民政府负责,中央财政适当补助
29	传染病及突发公共卫生事件报告和处理	地方人民政府负责,中央财政适当补助
30	儿童健康管理	地方人民政府负责,中央财政适当补助
31	孕产妇健康管理	地方人民政府负责,中央财政适当补助
32	老年人健康管理	地方人民政府负责,中央财政适当补助
33	慢性病患者管理	地方人民政府负责,中央财政适当补助
34	严重精神障碍患者管理	地方人民政府负责,中央财政适当补助
35	卫生计生监督协管	地方人民政府负责,中央财政适当补助
36	结核病患者健康管理	地方人民政府负责,中央财政适当补助
37	中医药健康管理	地方人民政府负责,中央财政适当补助
38	艾滋病病毒感染者和病人随访管理	地方人民政府负责,中央财政适当补助
39	社区艾滋病高危行为人群干预	地方人民政府负责,中央财政适当补助
40	免费孕前优生健康检查	中央和地方财政按比例分担
41	基本药物制度	地方人民政府负责,中央财政适当补助
42	计划生育技术指导咨询	农村避孕节育技术服务经费由地方财政保障,中央财政对西部困难地区给予补助
43	农村部分计划生育家庭奖励扶助	中央和地方财政按比例共同负担
44	计划生育家庭特别扶助	中央和地方财政按比例共同负担
45	食品药品安全保障	中央和地方人民政府分类负责

续表

序号	服务项目	支出责任
五、基本社会服务		
46	最低生活保障	地方人民政府负责,中央财政对困难地区适当补助
47	特困人员救助供养	地方人民政府负责,中央财政对困难地区适当补助
48	医疗救助	地方人民政府负责,中央财政适当补助
49	临时救助	地方人民政府负责,中央财政对困难地区适当补助
50	受灾人员救助	中央和地方人民政府共同负责
51	法律援助	地方人民政府负责,中央财政引导地方加大投入力度
52	老年人福利补贴	地方人民政府负责
53	困境儿童保障	地方人民政府负责
54	农村留守儿童关爱保护	地方人民政府负责
55	基本殡葬服务	地方人民政府负责
56	优待抚恤	中央和地方人民政府分级负担
57	退役军人安置	中央和地方人民政府共同负责
58	重点优抚对象集中供养	中央和地方人民政府共同负责
六、基本住房保障		
59	公共租赁住房	市、县级人民政府负责,引导社会资金投入,省级人民政府给予资金支持,中央财政给予资金补助
60	城镇棚户区住房改造	政府给予适当补助,企业安排一定的资金,住户承担一部分住房改善费用
61	农村危房改造	地方人民政府负责,中央财政安排补助资金、地方财政给予资金支持、个人自筹等相结合
七、公共文化体育		
62	公共文化设施免费开放	地方人民政府负责,中央财政适当补助
63	送地方戏	地方人民政府负责,中央财政适当补助
64	收听广播	中央和地方人民政府共同负责
65	观看电视	中央和地方人民政府共同负责
66	观赏电影	地方人民政府负责,中央财政适当补助
67	读书看报	地方人民政府负责,中央财政适当补助
68	少数民族文化服务	地方人民政府负责,中央财政对部分事项予以补助
69	参观文化遗产	中央和地方财政分别负担
70	公共体育场馆开放	地方人民政府负责,中央财政对部分事项予以补助
71	全民健身服务	地方人民政府负责,中央财政对部分事项予以补助

续表

序号	服务项目	支出责任
八、残疾人基本公共服务		
72	困难残疾人生活补贴和重度残疾人护理补贴	地方人民政府负责,中央财政适当补助
73	无业重度残疾人最低生活保障	地方人民政府负责,中央财政适当补助
74	残疾人基本社会保险个人缴费资助和保险待遇	缴费资助由地方人民政府负责或医疗救助基金支出;报销由基本医疗保险基金支出
75	残疾人基本住房保障	由地方人民政府负责,中央财政安排补助资金、地方财政给予资金支持、个人自筹等相结合
76	残疾人托养服务	地方人民政府负责,中央财政适当补助
77	残疾人康复	地方人民政府负责,中央财政适当补助
78	残疾人教育	地方人民政府负责,中央财政适当补助
79	残疾人职业培训和就业服务	地方人民政府负责,中央财政适当补助
80	残疾人文化体育	地方人民政府负责,中央财政适当补助
81	无障碍环境支持	地方人民政府负责

第二节　基本公共服务质量

　　长期以来,如何定义质量的概念一直是国际学术界热衷讨论的基础性话题。统计质量控制之父休哈特(W. A. Shewhtar)将质量定义为产品好的程度,认为质量是"绝对的和普遍认可的,标志着一个不可妥协的标准和高的成就"。美国质量管理学者克劳斯比(P. B. Crosby)把质量定义为"符合要求",认为产品或服务质量等价于可测量的符合标准的特性参数。全面质量管理理论的提出者费根鲍姆(A. V. Feigenbaum)认为质量是由顾客的需求决定的,并将产品和服务的质量定义为:"在市场营销、工程、制造、维护的各个方面、综合的特性,要通过这些各个方面的使用来满足顾客的期望。"质量管理大师朱兰(J. M. Juran)用"适用性"来精炼地表达质量的含义,指出产品质量就是产品的适用性,也即产品在使用时能成功满足需要的程度。日本质量管理专家田口玄一另辟蹊径,认为质量是指产品出厂进入市场后给社会带来的损失程度，其中"社会"主要指顾客及利益相关方。著名质量管理专家戴明（W. E. Deming）把质量与"过程""经营""顾客愿意支付的价格"等联系起来，并认为"质量有不同的水平"。以上几位著名的国际质量专家均对质量做出了经典定义，他们虽然从不同角度揭示了质量概念的内涵，但毋庸讳言的是并未使质量概念形成广泛而统一的认识。

作为对国际著名质量专家关于质量定义智慧的凝结，国际标准化组织制定的 ISO9000：2000 标准把质量定义为"一组固有特性满足要求的程度"，这成为目前国际上普遍认同和广泛应用的质量定义。该定义虽然简短，却不失规范和准确，同时还包含了大量可供延展的丰富信息。根据 ISO9000：2000 标准给出的注释，首先，该定义明确了质量的载体，产品或服务、活动或过程、体系或人，以及这些要素的组合均可作为质量的载体；其次，定义中的"固有特性"，指质量载体本来就有的且可区别于其他事或物的特征；最后，定义中的"要求"，指明示的、通常隐含的或必须履行的需求或期望。明示的要求也即规定要求，隐含的要求指惯例或一般做法。同时，"要求"的主体可以是组织、顾客以及其他相关方，特定要求包括诸如产品要求、质量管理要求、顾客要求等。由此来看，ISO9000：2000 标准界定的质量，不仅是关于质量概念的权威界定，而且为其他领域中相关质量的概念界定奠定了理论基础。①

陈朝兵以我国主流语境中的公共服务概念为基本假定，同时以 ISO9000：2000 标准界定的质量概念为基础，将公共服务质量概念重新界定为：公共服务提供过程及结果的固有特性满足相关规定要求和社会公众要求的程度。对该定义做出如下几点阐释。

其一，公共服务的固有特性存在于公共服务提供的"过程"与"结果"中。我国主流语境中的公共服务概念与内涵表明，"公共服务"是一个动词且所属概念是一种"动态"的过程（或行为、活动），在形态及内容上表现为"静态"的有形产品和无形服务。据此，应从"动态"的公共服务提供

---

① 陈朝兵：《公共服务质量的概念界定》，《长白学刊》2017 年第 1 期。

过程和"静态"的公共服务提供结果来考察公共服务的固有特性,并以此来界定公共服务质量。

其二,"相关规定要求"是指可供公共服务提供主体遵照执行的并经明示的特定要求,一般在公共服务方面的法律、法规、规章、政策、管理制度、规范、标准、报告等文件中阐明。由此可知,"相关规定要求"一旦制定或形成,就是客观存在的、可见的,并且是可供遵循或对照的。

其三,"社会公众要求"是指社会公众表达的对公共服务的需求和期望。"需求"和"期望"是不同的,前者指公众对公共服务原初的生存和发展方面的基本需求,后者指公众受既往习得经验、公共服务提供主体做出的承诺、公民相互之间的交流等影响而形成的对公共服务的期待。由此可知,"社会公众要求"主观地存在于社会公众心目中的,若不通过一定方式(比如调查)加以获取和了解,则是不可知的,也是不可见的。而当通过一定方式获取并反映在文件中后,则就转化成上文所述的表现为法律、法规、规章、政策、管理制度、规范、标准、报告等的"相关规定要求"。

其四,"公共服务提供过程及结果的固有特性满足相关规定要求的程度"对应的是公共服务的客观质量,"公共服务提供过程及结果的固有特性满足社会公众要求的程度"对应的是公共服务的主观质量。二者的区别在于,公共服务的客观质量是公共服务的固有特性满足那些客观制定的、可见的、可供遵循或对照的"相关规定要求"的程度,可以通过数量统计等方式获得;公共服务的主观质量是公共服务的固有特性满足那些存在于公众心中的、主观的、不可见的"社会公众要求"的程度,必须通过社会公众感知而得。[1]

公共服务型政府是当代政府公共管理的基本模式。政府公共服务是政府满足社会公共需要、提供公共产品的服务行为的总称,它是由以政府机关为主的公共部门生产的、供全社会所有公民共同消费的、所有消费者平等享受的社会产品。政府不再是高高在上发布指令的主导者,而是真正放下身段,

---

[1]　陈朝兵:《公共服务质量的概念界定》,《长白学刊》2017 年第 1 期。

视百姓为顾客，切实为顾客提供各种公共服务。

在服务理念的指导下，目前国际社会通行三种公共服务制度模式，分别是"最低保障与兼顾效率型"公共服务模式、"效率主导型"公共服务模式、"全面公平型"公共服务模式。

第一种，"最低保障与兼顾效率型"公共服务模式，代表国家美国、德国。该种模式在社会保障与社会福利等公共服务上，坚持以市场为主导，引进竞争和激励机制。特点在于重视市场和竞争的作用。美国的公共服务模式强调通过自由竞争和经济增长，确保劳动者加入劳动市场，以劳动者对生产的贡献程度来保障其生活。德国的公共服务制度在强调上述特点的同时，也很重视政府的辅助作用。

第二种，"效率主导型"公共服务模式，代表国家新加坡、智利。"效率主导型"公共服务模式是通过国家立法等强制手段，以个人或家庭的储蓄进行自我保障。这种模式的特点在于政府不拿税收来保障国民最低生活，对经济效率发挥正面影响。比如，新加坡的中央公积金制度是一种强制性储蓄，所有工人及雇主必须按期交纳中央公积金。

第三种，"全面公平型"公共服务模式，代表国家英国和瑞典等北欧各国。"全面公平型"的模式视"公平"为首要价值理念，实行对全民的普遍保障。该模式的特点在于将公平价值理念落到实处，适用国家是富裕国家。英国公共服务制度是基本全面公平型的制度。国家的保障仅限于"平等的最低生活"。英国政府（"全面公平型"）采纳了1942年《贝弗里奇报告》的绝大部分建议，建立了覆盖全国的义务教育体系、社会保险体系和医疗保险体系。[①] 北欧模式，以瑞典为代表。它对其社会成员进行全面、高水准的保障。瑞典的所有教育都是免费的。[②]

在服务理念的指导下，落实到具体机构改革方面，各国提出了各种具体思路，大部制、行业联合会等。大部制指的是在大部、大行业部门下设法定

---

① 盈竹：《中国启动公共服务改革》，《小康》2005年第10期。
② 李军鹏：《公共服务型政府》，北京大学出版社，2004。

机构，来具体管理公共服务事业法人。比如，在卫生部设立独立的医院管理局，作为独立的法定机构来管理医院。卫生部门与医院管理局的关系是决策与执行分开的关系，是公共卫生政策制定者与执行者分开、互相监督的关系。我国政府在转变和履行职能方面，做了很多工作，但是总的来看，错位、缺位的现象仍然存在，向公共服务型政府转变势在必行。① 回顾已有文献，大多数研究者主要从以下几个方面对公共服务质量进行较为深入的研究。

一　教育领域

在经济高速发展的今天，普及义务教育关系到整个国家和公众的切身利益，义务教育的质量越来越受到社会的高度关注。义务教育属于公共服务范畴，又称强迫教育和免费义务教育，解决好我国的义务教育问题，也就基本上解决了我国的教育问题。这使得研究义务教育的现状，并通过合理、可行的质量改进工具促进义务教育质量提高具有重要的现实意义。目前我国义务教育还存在一定的不足，这需要社会各界的广泛关注和共同协作，才能全方位提升我国义务教育质量，李陈航《在公共服务质量改进工具探讨——以民办义务教育为例》一文中，以贵州花溪区 A 学校为研究对象，分析了花溪区 A 学校质量自愿性改进工具的运用。

1. 主体方面

A 学校主要运用自我管理，加强其自主性，促进教育资源均衡配置，花溪区 A 学校深入推进义务教育均衡发展，在校内不设重点班。并且在学校内优化教师资源配置，有经验的老教师带兼职教师和实习教师，各班教师资源公平分配。

2. 客体方面

减轻学生过重课业负担，老师留给学生的课外作业量适度，摒弃从前题海战术的理念，在新的教学理念和新规定的指导下，注重对教学效率的提高

---

① 盈竹：《中国启动公共服务改革》，《小康》2005 年第 10 期。

而不是数量的提高。

3. 管理方式方面

在规章制度方面，学校有自己的管理规范体系，例如考勤制度，每天上班下班必须考勤签到，避免了教师迟到早退的现象；与考勤制度有关的是绩效考评制度，绩效即成绩和效率，将教师的劳动效率与薪酬结合起来，带的班级越多、学生的考试优秀率越高、教师出勤率越高、听课评课活动的得分越高，奖金就越高。①

二 卫生领域

谢星全在《基本公共服务质量评价研究——以基本医疗卫生服务为例》一文中采用全国大规模抽样调查数据，从县级和个体两个层面建构模型，以基本医疗卫生服务为例，定量研究基本公共服务质量如何受微观的个体选择与宏观的县域绩效和价值规范的影响。结果表明：在微观层面，选择参加医保的居民获得的基本医疗卫生服务满意度比未参保居民更高，但满意度差距受宏观绩效与价值规范的外在调节。具体表现在：一是县级层面的基本公共服务绩效总体水平能从宏观层面缩小参保居民与未参保居民之间的满意度差距，但在微观层次的政策作用相反。二是蕴含"公共性"价值规范的基本公共服务宏观质量，能从宏观和微观两个层面共同减少参保居民与未参保居民之间的满意度差异。数据揭示：如果把县域基本公共服务整体绩效作为质量评价的构成要素，就必须将"公共性"的价值追求作为质量测评的补充。

张松荣以深圳市公共卫生服务质量为研究对象，对其进行了公共卫生服务质量整体评估的概念性框架研究，划分了以下几个部分：①结构质量是公共卫生体系的基础，也可称为投入，主要包含了人力、物力和财力资源的投入以及资源的安排和管理方式。结构质量能影响和促进服务过程及健康结果，尤其是当资源投入不能满足需要时其作用更加显著，而一旦必要的基础

---

① 李陈航：《公共服务质量改进工具探讨——以民办义务教育为例》，《现代商贸工业》2016年第 30 期。

建设达到一定的水平，结构指标的价值将变小。②过程质量指公共卫生服务对社区、人群、个体做了什么，情况如何，即公共卫生机构动态运行的质量与效率。由于公共卫生服务结果难以立即显现，而且其效果受到其他因素的影响。因此，对其服务过程进行评价就显得尤为重要。③疾病监测是所有公共卫生服务过程的第一个环节，主要是通过网络或监测哨点来了解疾病的发生情况，获取相关信息和数据，为公共卫生服务的其他活动提供信息支持。健康调查指根据监测结果，对各类异常情况及其具体原因和影响因素所开展的调查活动，为进行相应的干预措施提供科学依据。④结果质量指公共卫生服务活动对人群健康影响的结果，可分为人群健康的最终结果和中间结果。最终结果主要包括健康状况、期望寿命与死亡率等维度。其中健康状况主要指各种传染病与慢性病发病率、规范管理率、健康档案建档率、治愈率等。期望寿命与死亡率维度主要指期望寿命、伤残调整寿命年、婴儿死亡率、孕产妇死亡率、其他疾病死亡率等指标。中间结果是介于过程和最终结果之间的一类情况，也指项目和服务的短期结果，在有些时候也可看成真正的健康结果。中间结果可以有多种不同的表现形式，这也反映了公共卫生服务的多样性。除了项目结果之外，中间结果主要包括健康行为和环境质量两个维度。其中，前者主要指行为干预效果，如吸烟率、经常体育锻炼率、定期体检率等，后者指生活环境的质量状况，如空气质量良好天数、饮水质量达标率等。①

三　社会保障领域

近年来，我国基本公共服务正经历从粗放型管理向精细化治理的关键期，如何科学衡量基本公共服务质量一直是困扰学界和实践部门的重要问题之一。一方面，基本公共服务质量作为一个亟待界定的概念与评估术语，由于公众经济、政治、社会、文化等个体特征不同，其对基本公共服务质量有多样化需求；另一方面，各级政府提供基本公共服务理念和方式的差异，导致基本公共服务的质量如经济、效率、效能和公平的效果也各不相同。从质

---

① 丁娟：《浅析我国公共卫生机构服务质量评估的抽象框架》，《商品与质量》2012 年第 2 期。

量概念的行政语境和操作层次上寻找差异，有助于综合主观与客观、绩效与价值、宏观与微观等途径评价质量。

谢星全和朱筱屿以基本住房保障服务为例，采用中国综合社会调查2013 年数据，考察社区或村的基本公共服务质量如何受"绩效"与"价值"在宏观与微观层面的政策影响。他们从社区和个体两个层面采集基本公共服务评价数据，采用分层线性回归实证研究了基本公共服务质量的多层次关系。无论是微观居民满意度模型、宏观整体绩效评价模型，还是基本公共服务质量评价模型，均表明：虽然基本住房保障服务绩效显著影响居民的基本住房保障服务满意度，但是基本住房保障服务质量更多地解释了居民基本住房保障服务满意度，还提升了本村或社区居民基本住房保障服务的满意度总体平均水平。数据揭示：农村和社区的基本公共服务绩效作为质量测评的构成要素，其价值取向应该是质量评价的必要补充。

四　基本公共服务质量评价

20 世纪 90 年代初，为推动我国服务型政府的建设，地方政府开展探索公共服务质量评价活动。

（一）鼓励民众和第三方评价机构参与公共服务质量评价

1994 年，山东省烟台市为进一步加强行风建设，转变政府职能，提高服务质量和水平，率先进行社会服务承诺制的尝试。供水、供煤气、供热、房屋拆迁、公共交通等 10 个部门，均通过新闻媒体向社会公布各自的社会服务承诺工作目标、服务内容、服务标准、投诉程序和投诉电话，并做出保证，达不到承诺将实行自罚并赔偿，这一举措取得明显成效。1999 年，南京市开展万人评议政府活动；2000 年，珠海开展万人评议政府活动；2004 年，兰州大学绩效评价中心成立，负责政府绩效及公共服务质量评价，成为我国第一个独立的第三方评价中心。

（二）开展公共服务质量标准化建设

早期公共服务质量标准运用主要借鉴来自工商服务业的质量标准，比如ISO9000 系列，但在使用过程中会出现标准体系在公共服务领域中适用性的难题。一些地方政府如北京市东城区、南京市江宁区都在具体公共服务部门开展公共服务标准化建设。继此之后，杭州市上城区从区、街道、社会等多个层面开展公共服务标准化体系建设，2011年开始，福建省漳州市引入现代服务业先进的理念、技术和运作方式，按照"标准化、高效化、均等化、便民化"的原则开始了行政服务标准化管理探索。

2015年，国家标准管理委员会发布《政务服务中心运行规范》系列标准，主要解决各地政务服务中心如何进行内部管理和外部服务的问题。涵盖了政务服务中心建立、运行、服务提供、服务监督、考核评价等各环节，对政务服务中心基础设施条件、进驻部门、办理事项、提供的服务及监督考核评价等进行全面规范。标准还对窗口服务评价的关键指标即办事效率、评价满意率、异常办理、投诉处理等方面的指标进行了量化规范，力求窗口服务评价指标分类更加丰富、科学、清晰、实用，对工作指导性更强。

（三）初步形成典型的公共服务质量评价模式

自开展公共服务绩效评价以来，各地方政府兴起了多种形式的公共服务质量评价改革活动，如目标责任制、岗位责任制、效能监察、效能建设、社会服务承诺制，各地方政府公共服务质量评价形成了代表性的模式：以目标管理为主的连云港模式，在目标管理中实现三个统一，即目标任务与目标具体分解相统一、目标内容与目标考核相统一、目标实施与目标检查相统一，始终围绕目标开展各项公共服务管理工作；以第三方参与为主的厦门思明评估模式，福建省厦门市思明区政府与厦门大学进行合作，共同建构公共服务评价的指标体系，实现对政府公共服务质量的评价；第三方评价的甘肃兰州模式，将评价工作完全委托给兰州大学绩效评价中心，评价权交给政府的服务对象，关注公共服务中的公民满意度。

（四）探索公共服务质量评价指标体系

2004年，人事部"中国政府绩效评估研究"课题组构建了一个综合性的政府绩效指标体系，该体系包含3个一级指标，即影响指标、职能指标和潜力指标，11个二级指标，公共服务是其中之一，关于公共服务的细化指标包括基础设施建设、信息公开程度、公民满意度。这一套指标体系没有区分政府层级，指标体系构建较为综合，带有一定的通用性。在此基础上，地方政府也积极参与构建地方公共服务指标体系。2009 年，深圳市政府提出了地方政府评价指标体系，这套地方政府评价指标体系包含市政府绩效评价指标体系与区政府绩效评价指标体系两部分。市政府评价指标体系包含 4 个一级指标（行政业绩、行政质量、行政效率、行政支出）、9 个二级指标（职能履行、专项工作、服务质量、依法行政、廉政勤政、行政审批、政务协同、经费节约、财务审计）、25 个三级指标。区政府绩效评估指标体系包含 4 个一级指标（公共服务、社会管理、经济调节、市场监管）、10 个二级指标（服务质量、服务保障、公共安全、人口管理、市政管理、经济效益、节能减排、转型升级、规范竞争、重点监督）、33 个三级指标。随着公共服务质量评价向纵深方向发展，与公共服务密切相关的政府绩效公众满意度测评、服务型政府公众满意度测评、中国城市公共服务满意度测评都在陆续推进。

（五）推动公共服务质量评价结果的运用

运用公共服务质量评价的结果以持续改进公共服务质量，对于公共服务质量管理起着关键性的作用。

地方公共服务质量评价的动力与激励机制决定着公共服务质量评价结果的运用。目前，我国公共服务质量的奖项主要是中央编译局设立的中国地方政府创新奖、北京大学中国政府创新研究中心设立的中国社会创新奖，虽然这些奖项都不具体针对公共服务质量，但中国地方政府创新奖与中国社会创新奖的评奖项目中，都有专门针对公共服务的分类项目，激励着地方政府在公共服务质量管理中的创新。在地方政府中，深圳市龙岗区开设区长公共服务奖，旨在通过该奖项的设立推动全区公共服务创新与公共服务质量的持续改进。但相比于国外一些国家专设的公共服务奖项，无论是政府的还是民间的，我国现有公共服务质量奖项偏少。①

城市社区基本公共服务质量评价指标体系的建构应遵循公众导向、质

_____

① 林闽钢、杨钰：《公共服务质量评价：国外经验与中国改革取向》，《宏观质量研究》2016年第 9 期。

量导向、公平公正性与公共公益性相结合、服务质量水平与经济社会发展相适应的原则，从提供基本公共服务数量、服务结构、服务态度、公共服务产品质量和公众满意度五个维度对城市社区公共安全、社区基础教育、社区医疗卫生、社区社会保障、社区基础设施、社区劳动就业、社区文体休闲、社区环境保护、社区公共信息等方面的社区基本公共服务进行整体质量评价[①]，以期进一步提升基本公共服务质量水平，强化公共服务职能，促进服务型政府建设，从而在根本上落实公民基本权利，实现基本公共服务均等化，构建"学有所教、劳有所得、病有所医、老有所养、住有所居"的和谐社会。

五 经验及教训

目前，中国研究者们主要从四个方面研究及评价国内外公共服务质量改进的实践及经验教训。

1. 国外公共服务质量改进方法

陈振明、李德国从亚洲国家的实践中得出韩国、日本、新加坡以及印度等国家已应用公共服务质量管理理念实施一系列改革，包括建设公共服务满意度、投诉与反馈机制，设立服务宪章制度、服务标准与质量奖，建立公共服务质量控制体制，引入企业流程再造以及推行电子化政府。总结亚洲国家公共服务质量改进的共同特点，即强调公共服务的亲和力，注重公共服务评估，推动在线（移动）公共服务以及重视市民参与。

2. 国外公共服务质量改进机制

王庆锋对国外公共部门质量管理及改进机制进行了较为系统的评述，认为公共服务质量改进机制是为提高公共服务质量而实施的并可构成相对独立体系的管理程序、技术或方法的组合。陈文博以英国医疗卫生领域为例，总结其改进机制框架，包括制定质量标准、质量考核、公布考核结果以及进行

[①] 原珂、沈亚平、陈丽君：《城市社区基本公共服务质量评价指标体系建构》，《学习论坛》2017年第6期。

质量奖励。尤其是在质量标准方面，英国有较为完整的程序，包括指标信息甄校、审查委员会进行审查和优先排序、指标构建、决议与发布。英国实践对我国公共服务质量改进机制建设有启示意义，我国应建立一个全面通用的公共服务评价体系、建立统一的公共服务质量管理机构以及在公共服务评价过程中应重视公众满意度调查。

3. 国外境外公共服务质量奖

国内学者们逐渐意识到公共服务质量奖励对公共服务质量改进的激励作用，并开始呼吁将公共服务质量奖作为公共服务质量改进的重要工具。陈振明、孙杨杰评述了公共服务质量奖从企业管理到政府创新再到专业化公共服务奖的三个发展阶段，同时也剖析了"联合国公共服务奖""欧洲公共部门奖""美国政府创新奖""加拿大卓越公共服务奖"四个典型奖项的特点与优势。在此基础上，针对我国如何设计和实施公共服务质量奖提出思考和对策，包括：重视服务成本的理念；设定不同的参奖类型，给予参评者自我选择的机会；广泛利用大众媒体宣传或参加国际奖项的机会，进行自我营销和成果扩散；提升领导者的重视程度，构建内部奖励机制；发布成果和举办颁奖典礼，树立典型和标杆。

4. 公共服务标准化建设的中国经验

陈振明、耿旭以福建省漳州市的行政服务标准化为例，介绍我国地方政府在公共服务质量改进上取得的成就。漳州行政服务中心从 2011 年开始推进行政服务标准化建设，其提供的经验包括：制定全面的服务标准体系，完成服务质量改进基础工作；促进政府职能转变，强化服务质量改进的组织保障；规范服务流程，实现服务质量改进的"效率"目标；推广行政服务模式，促进服务质量的横向公平性；建设电子化政府，增强服务改进中的政府回应性；寻求优质的服务效果，提高行政服务的可及性；强化行政服务监督，确保行政服务标准执行。①

---

① 陈振明、耿旭：《中国公共服务质量改进的理论与实践进展》，《厦门大学学报》（哲学社会科学版）2016 年第 1 期。

第三节 促进公共服务和社会治理融合发展

促进公共服务和社会治理融合发展是转变社会治理方式，推进社会治理改革的一个重要方向和基本内容，既能抓准社会治理的矛盾关节点也能补齐公共服务短板，同时克服公共服务碎片化供给问题，提升公共服务效率和便捷性、便利性，给大众更多的获得感、满意度和幸福感。

一 扩大公共服务供给主体

从社会治理的视角看，社会发展进入了政府不能、不可"一枝独大"的新时期，治理就是要民主、参与、共治。扩大公共服务供给主体不仅能增加治理力量，还能为社会大众提供更专业化的服务，满足多样化需求，提高服务质量，同时还能避免政府既是运动员也是裁判员的多角色冲突，政府以制度优化为本、以资源配置为器、以综合绩效评价为尺度，解决社会治理和服务"最后一公里"问题。扩大公共服务供给主体最主要的做法是向社会组织购买公共服务。

（一）政策概况

1. 相关政策要点

2006年国家"十一五"规划纲要中首次提出基本公共服务均等化概念，主要是通过财政转移支付、产业扶贫政策解决区域发展不平衡问题；党的十七大报告（2007年）、中共十七届五中全会报告（2010年）延续了通过财政政策缩小城乡差距、区域差距和地区发展差距的政策，其中实现基本公共服务均等化是努力方向。

2011年国家"十二五"规划纲要突出了民生的重要性，推进基本公共服务均等化，让全体公民都能够公平、平等地享受到改革开放的成果成为重要政策目标。2012年国家基本公共服务体系"十二五"规划发布，这是公共服务领域内的第一个国家级规划，规划提出了基本公共服务体系包括八大领域，覆盖全民、全龄的目标，群众满意成为检验基本公共服务水平

的标准。

2012 年党的十八大提出对公共服务质量的要求，要求加快形成政府主导、覆盖城乡、可持续、优质的基本公共服务体系，到 2020 年"基本公共服务均等化总体实现"。2013 年中共十八届三中全会进一步明确基本公共服务要以民生为切入点，以公平可及、群众满意、优质均衡为目标推进。2015 年中共十八届五中全会要求，基本公共服务供给要有及时性、有效性、多样性，不断提高均等化和共享共建水平。2016 年国家"十三五"规划纲要新增建立国家基本公共服务清单制度，强调满足多样化公共服务需求，对服务的供给方式、质量和效率都有明确的要求，让人民群众享受高效便捷优质服务，创新公共服务提供方式，推动供给侧改革。2017 年"十三五"推进基本公共服务均等化规划颁布，普惠与均等成为政策目标，群众的主观感受及基本公共服务的方便可及性、公平感、获得感和幸福感成为政策关注点。2018 年对基本公共服务标准做出了全面推进部署，要求聚焦实施机制，建立动态监测和预警机制。

2. 扩大服务供给成为政策选择

从政策发展脉络看，政策工具聚焦点有三次转变：从开始的给钱到给服务，再至现在的供给侧改革，强调优质和普惠、标准化服务，同时要方便、可及，提升"三感"为重要政策价值项，这是一个重大进步，体现了服务和治理的融合趋势。

从政策实施看，对于参与主体也有很大突破，2002 年国家开始试点向非政府组织购买服务，2013 年党的十八届三中全会通过的《中共中央关于全面深化改革若干重大问题的决定》中明确指出适合社会组织提供的公共服务和解决的事项，交由社会组织承担。2015 年中共十八届五中全会报告强调公共服务要提升共建共享水平，2016 年国家"十三五"规划纲要明确提出，创新公共服务提供方式，强调满足多样化、优质、高效的公共服务需求。

（二）国内实践

1995 年，上海最早开始政府向养老机构购买公共服务，试点居家养老服务领域。2002 年《中华人民共和国政府采购法》全面实施后，政府购买公共服务在全国范围内展开试点。2013 年，国务院发布《关于政府向社会力量购买服务的指导意见》，标志着政府购买服务成为国策。2014 年，财政部等联合出台的《政府购买服务管理办法（暂行）》，对政府购买公共服务行为做了具体规范。截至 2017 年，我国各级政府制定涉及购买服务的法规及相关制度 310 余部。[①]

经过 20 多年的探索与实践，政府购买公共服务已经普遍存在于公共管理领域，政府购买公共服务的规模和范围逐渐扩大，但总的来说，这一制度的发展还处于探索阶段，不够成熟。[②]

（三）主要国家经验

1. 德国经验

政府向非营利组织购买服务有 200 年历史，对于社会组织不是一视同仁的。非营利组织包括两类，即公益性组织与互益性组织。公益性组织为整个社会不特定的多数人提供公共服务，其受益者是社会大众，包括医院、教育文化组织、基金会等，涵盖了医疗、环保、教育、体育、文化等领域，在德国，这类服务构成了社会福利服务事业的重要支柱，得到税收减免。互益性组织则是面向特定群体或成员而提供服务的组织，以实现相互利益为目的，其受益者为小众群体，以行业协会和商会最为突出，这类组织在经济协调和宏观管理等方面发挥了不可代替的作用。[③]

大多数非营利组织要靠自己的会费生存，但超级社会组织如德国福利协会则不同。福利协会历史悠久，口碑极佳，具有丰富的经验知识与专业知识，能够担负社会服务者的责任并发挥应有的功能。联邦家庭事务部与福利协会之间随时保持有针对性的对话，每年拨款占联邦家庭事务部可支出资金

[①] 丛屹、贺硕怡：《政府购买公共服务：一个实践的框架》，《贵州社会科学》2018 年第 2 期。

[②] 杨书文、魏肖男：《政府购买公共服务研究中几个关键性理论问题——基于国内研究的阶段性总结》，《学习与探索》2018 年第 7 期。

[③] 刘力：《政府采购非营利组织公共服务——德国实践及对中国的启示》，《政法论坛》2013 年第 4 期。

总额的 2.81%，并寻求共同开发项目，接受社会监督。

德国对政府购买非营利机构公共服务一般采用委托、招标和准市场化或第三方治理等方式，但招标应用并不多。

德国经验对我们的启示是要有一个非营利组织的规范信用评价机制，采取服务项目和消费者满意度累进制，避免形式主义和被迫采取痕迹主义的做法。

2. 美国做法

美国以公共服务是否属于"政府固有职能"为标准判断该服务能否购买。美国联邦政府职能分政府固有职能和商业职能，"政府固有职能"主要包括外交事务和外交政策的决定、公诉审判、行政侦查、预算政策方针和策略等，必须由联邦政府官员行使，为购买禁区，其他政府职能可以外包。[①]

3. 日本做法

《关于导入竞争机制改革公共服务的法律》是日本政府购买公共服务的制度依据。近 30 年来，日本不断推进公共服务外包，比如 2005 年，对公共就业相关领域、社会保险相关领域、刑罚设施相关领域等 3 个领域的公共事业引入竞争机制。2006 年，统计调研、大学教育等也相继被纳入改革内容。[②]

（四）机制优化

中国在扩大公共服务参与主体方面已经做出重大的制度突破，但是在参与主体资格条件、项目匹配、管理效率、消费者满意度等运行机制方面尚存在一些问题，建议在以下几个方面进行优化。

第一，建立政府购买服务目录和清单，每 5 年修订一次，保持相对稳定，建立良好的市场预期。

第二，建立公共服务规范市场，从工作数量记录开始，逐渐到质量和满

---

① 丛屹、贺硕怡：《政府购买公共服务：一个实践的框架》，《贵州社会科学》2018 年第 2 期。
② 丛屹、贺硕怡：《政府购买公共服务：一个实践的框架》，《贵州社会科学》2018 年第 2 期。

意度评价，积累非营利组织信用，形成透明运行机制。

第三，政府有权力委托业务，提升效率，所有委托工作单位应在公共服务市场公开透明呈现成果，用于对政府工作的逆向评估。

二　提升公共服务质量

（一）开展公共服务质量监测

1. 公共服务质量监测现状

20 世纪 90 年代质量差距和顾客满意度理论推广到公共服务部门，成为西方新管理运动的抓手，瑞典顾客满意度晴雨表（SCSB）、美国顾客满意度指数（ACSI）等模型都被广泛地运用在政府部门公共服务水平和质量的测量中。关于公共服务满意度评价中国学者有很多研究，从全国层面和区域以及项目层面进行的评价都很多。公共服务质量的监测还比较少，2015 年华东（华东地区六省一市 76 个城市）发布了国内首个公共服务质量监测报告。

2. 影响公共服务质量的因素

公共服务质量、公众满意度并不完全取决于经济发展水平。加拿大学者 Wisniewski 认为，公共服务质量和财政投入密切相关，因此财政实力是影响公共服务质量的重要因素。美国学者 Ryzin 在纽约市进行了市民满意度研究，结果表明，公立学校、警察、交通感知质量是对市民满意度影响最大的因素，但其对满意度的影响程度因人群的不同而有所区别，市民收入水平、种族和所住地址的变化也会对其满意度产生不同的影响。国内学者侯江红和刘文婧基于 CGSS2005 与 CGSS2015 的数据对医疗服务、老年人生活保障、优质的基础教育、捍卫国家安全、打击犯罪、公平执法、秉公办事、环境保护和维护社会公平等九个方面公共服务的满意度情况进行了分析，研究发现：居民人口统计学特征中的性别、婚姻、受教育程度、政治面貌、家庭人口数等变量对公共服务满意度的影响不显著；年龄相对较大、居住地在农村、家庭收入水平较高、阶层认同度较高以及主观幸福感较强的居民，其公共服务满意度较高；同时，公共服务的充足程度、均衡程度、便利程度和普

惠程度越高，城乡居民的公共服务满意度也越高。①

3. 开展公共服务质量监测

开展公共服务质量监测关键是要采用结构性的方法，要能衡量理念、态度以及政策的有效性，这样才能嵌入政策优化模型。同时，监测评价要有可持续性和公正性。监测评价不仅有调查功能，还有改进功能。好的理念、态度，也可以弥补实力的差距。

（二）对标质量差距进行系统改进

服务质量差距模型是美国营销学家 A. Para-suraman、Valarie A Zeithamal 和 Leonard L. Berry 等人提出的，通过五类差距来分析质量问题结构化模型。预期差距即顾客期望与顾客感知的服务之间的差距，是差距模型的核心。通过质量差距模型识别可以通过了解顾客的期望、选择正确的服务设计和标准、按标准提供服务、服务高效传递，改进质量与期望的落差。②

对照服务质量差距模型，结合具体服务领域或项目实际情况找到问题关键点。

第一，感知差距，即服务期望值和服务体验值之间的差距。政府规划部门和服务部门经常考虑的是全国情况，由于巨大的地区差异，"有没有"的问题是宏观部门的关注焦点，对"好不好"问题关注不够，而大众考虑的是自身的需求和期望，如果不能匹配，就产生感知差距。

第二，标准差距，大众对公共服务的期望有几个对标值，国外高收入国家什么情况、国内发达地区什么情况、过去什么情况、前任领导时期什么情况，几个对比之后形成自己的期望，如果服务和大众普遍期望差异大，标准差距就大。

第三，传递差距，即服务质量规范与实际提供服务之间的差距。制度制定的初衷与制度执行的效果之间一般都有落差，造成政策都是好政策但

---

① 侯江红、刘文婧：《公共服务满意度及其影响因素研究——基于 CGSS2005 与 CGSS2015 的数据分析》，《福建行政学院学报》2019 年第 1 期。
② 李友桥：《基于质量差距模型的教学公共服务的反思与创新——以湖南科技大学为例》，《当代教育理论与实践》2017 年第 10 期。

"和尚把经念歪了"的普遍认知。

第四，沟通差距，沟通不到位而造成的误解非常多，包括教师和家长、医生和患者、公共服务部门和消费者，建议列入服务人员专业技能必备模块中。

三 改进服务供给方式

（一）按需求度和满意度交点值优化供给侧改革次序

基本公共服务的公共产品属性，决定了其不具备均衡供给和需求的自发调节机制，这也就要求通过公众参与来提升公共服务供需匹配程度。[①] 按照需求高低和满意度高低选择公共服务具体领域优先配置更多服务资源。

（二）把公共服务满意度评价纳入地方政府政绩考核和服务主体信用评价

公共服务满意度是衡量地方政府绩效的重要指标，改变过去服务取决于资源和财力的单调看法，公共服务满意度是服务意识、服务传递、服务需求匹配多因素的函数。推动地方政府有效配置服务资源，选择有信用、有质量的服务主体，逐渐形成良性的公共服务市场信用体系。

（三）设立公共服务满意度提升项目

衡量服务型政府建设好坏的标准是看人民群众是否满意，特别是与人民群众基本利益密切相关的公共服务。公共服务只有与公众意愿、需求实现充分对接，才能让公众满意。在全国范围内设立公共服务质量奖，表彰先进，交流经验，提升能力。设立公共服务满意度提升项目，为新的工作能力，如交流沟通、真实需求识别、大众舆情引导提供资源支撑。

（四）加强评估

当前主要有三种评估模式，[②] 行政主导的单一评估模式、政府推动的综合评估模式、第三方的独立评估模式，其各有优缺点。主要面临着评估过程

---

① 魏义方：《从供需双侧提升基本公共服务满意度——基于近十年绩效评价研究的元分析》，《中国物价》2016 年第 4 期。

② 季璐、王青平、范炜烽：《社会治理视阈下政府向社会力量购买公共服务评估研究——基于长三角地区的调查》，《江苏社会科学》2016 年第 6 期。

中能力不足、参与不多、机制不顺、专业性不强、作用不大、存在寻租现象等几个问题。今后改进方向：①在评估内容上实现需求、供给和绩效三结合，消费者满意、市场服务主体有活力和达成政策目标三者统一；②在评估方法上尽快推行信用评价和业务总量、质量结合原则，评估和业务系统整合，评估和信息数据系统合一，提升评估真实性、及时性和有效性；③推动评估成为政策闭环中的必要节点，不断优化政策效果、流程和机制。

第八章
创新社会治理——基层治理与社会创新

第一节　创新基层社会治理

　　基层社会治理的主要工作包括三类，第一类自我管理和服务，包括居民公共事务、公共服务、公益事业的组织与协调和提供；第二类调解民间纠纷，反映居民诉求；第三类宣传教育，协助维护社会治安。根据《中华人民共和国城市居民委员会组织法》和《中华人民共和国村民委员会组织法》(2018 修正版)，居民会和村委会是居民和村民自我管理、自我教育、自我服务的基层群众性自治组织。党的十八大以来，面对国家发展新形势新要求，我国更加重视基层社会治理，习近平总书记基于社会治理的实践，提出"基层是一切工作的落脚点，社会治理的重心必须落实到城乡、社区"，深刻揭示了基层社会治理在国家治理和社会治理中的重要地位，为我国创新基层社会治理指明了方向。

一　基层社会治理历史变革与现状

　　1949 年以来，我国基层社会治理经历了多次变革，尤其是城市基层社会治理，大致经历了以下四个阶段：第一阶段是 1949~1958 年，我国社区治理主体发生了根本性的变化，居民自治组织——居民委员会取代了旧的保甲组织，居民民主取代了保甲专制，建立了以单位制为核心，街居制为补充的城市基层社会治理体制的总体框架。第二阶段是 1958～1976 年，社会主义改造完成后，"大跃进"、人民公社化和十年"文化大革命"使城市基层社会治理体制受到了严重影响，社区公共事业无人关心，社区居民个人的服务需求无人回应与满足。整个时期社区处于无人治理的混乱状况当中。第三阶段是 1976～1999 年，随着中国经济转轨、社会转型和民主法治建设进程的加快，基层社会开始呼唤城市基层社会治理体制变革。1986 年，民政部为推进城市社会福利工作改革，引入了"社区"的概念，20 世纪 90 年代初，中国提出了"社区建设"概念，开始了城市社区建设的探索，社区治理有了新的变化。但是，社区治理实际上是自上而下进行的管理，不太注重居民的参与，社区治理的主体较为单一。第四阶段是 21 世纪初，社区建设开始在全国城市中轰轰烈烈地开展起来，社区治理方式更加注重民主化，社区治理的主体趋向多元化，社区范围内的各类组织、居民个人、驻社区单位都成为治理的主体。民主选举、民主决策、民主管理和民主监督开始在城市社区逐渐展开。相比较而言，我国农村基层社会治理比较简单，随着改革开放的深入，农村治理由"公社制"转为现在的村委会，健全了基层民主制度，完善和创新村民自治机制，深入推进村务公开、政务公开和党务公开，实现村民自治制度化和规范化。①

　　经过 70 年的历史变革，我国基层社会治理方式不断创新，基层社会治理体系不断完善，基层社会治理能力不断提升。截至 2017 年底，我国基层群众性自治组织共计 66.1 万个，其中：村委会 55.4 万个，比上年下降 0.9%；村民小组 439.7 万个，村委会成员 224.3 万人，比上年下降 0.5%；居委会 10.6 万个，比上年增长 2.9%（见图 8-1）；居民小组 137.1 万个，居委会成员 56.5 万人，比上年增长 4.7%。全年共有 18.2 万个村（居）委会完成选举，参与选举的村（居）民登记数为 2.4 亿人，参与投票人数为 2.1 亿人。

---

　　① 陈顺洪：《中国基层社会治理体制创新研究》，湘潭大学硕士学位论文，2014。

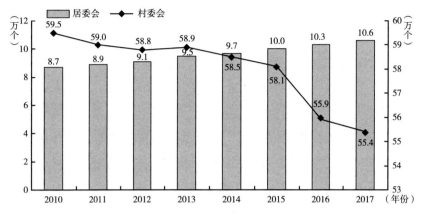

图 8 - 1　基层自治组织

二　创新基层社会治理的实现途径

基层社会治理作为国家治理和社会治理的基础单元，在我国社会阶层结构出现重大变迁的形势下，已经改变了以政府为治理主体的单一模式，形成了多元治理主体共建共享的协同治理格局。[①] 加强基层社会自治需要结合新时代、新特征、新要求，从新的历史方位发挥公众参与的力量。

第一，创新加强基层社会治理需要发挥基层群众的积极性。基层社会治理是我国最基础的单元，基层群众是我国最广泛的社会力量，创新社会治理需要牢牢依靠基层群众，发挥基层群众的积极性。

第二，创新基层社会治理需要关注现代共性社会问题。我国改革开放40 年社会发生了翻天覆地的变化，基层社会也出现了具有时代特征的各种社会问题。农村的留守儿童问题、劳动力流失问题、教育水平低下问题等阻碍了农村的进一步发展，制约着我国新农村建设和全面小康社会的建成；城市的环境污染问题、食品安全问题、老龄化问题、社会保障问题等也阻碍着城市化进程的发展。因此，加强基层社会治理需要密切关注具有时代特征的

[①]　赵敬丹、张帅：《基层社会治理中政府与社会组织协同问题探析》，《行政与法》2019 年第5 期。

共性问题，谨防这些问题演变成为严重的社会性问题，从而影响基层社会的稳定和治理效率的提升。

第三，创新基层社会治理需要充分发挥公众参与作用。随着我国经济社会快速发展，居民收入水平不断提高，生活状况不断改善，教育水平也普遍提升，人们对参与社会治理、提升自我价值有了更多的追求，参与社会治理成为基层群众表达自我的普遍共识。而且，伴随基层社会群众受教育水平的提升，其社会视野变得更加开阔，社会经历和阅历也变得更加丰富，社会上逐渐涌现出一批具有一定影响力和社会发展话语权的专家并形成一股新兴的社会力量。因此，加强基层社会治理必须发挥公众参与作用，尤其是那一批具备影响力和话语权的基层社会力量的参与作用。

第四，创新基层社会治理需要发挥优秀治理方式的示范效应，吸取失败治理方式的深刻教训。我国现代基层社会治理虽然出现一系列问题，但是依然不乏典型的优秀治理案例。这些案例是社会治理的创新和解决基层社会问题的有益探索，因此需要发挥优秀治理方式的示范效应，在有条件的地方加以推广，提高社会问题的解决能力和基层社会治理能力。当然，由于基层社会治理的复杂性，也存在失败的社会治理方式而演化成严重的社会问题，因此，必须加强基层社会治理的监督与管理，形成社会治理的压力机制，避免社会治理方式走向偏差。

第二节　重视网络平台力量

一　网络平台对社会治理的重要性

伴随网络技术的迅猛发展，网络在社会发展过程中起到了举足轻重的作用，在公众参与社会治理方式上也扮演重要角色。公众参与公共活动的渠道更加广泛，对公共政策的影响也更大；网络平台对政府治理方式也产生了深远影响，社会转型和管理方式的转变也鼓励公众广泛地参与社会治理。

一方面，传统社会公众参与社会治理的方式比较单一，信息不通畅甚至容易激化政府与公众之间的矛盾，而网络平台的出现给政府和公众创造了一种沟通机制。网络平台作为一种重要的参与社会治理的媒介，对拓展公众参与社会治理方式，提升社会治理能力具有重要意义。公众通过微博、微信等自媒体平台发表自己的意见，通过报纸、期刊等发表自己的学术观点，由于互联网具有便捷性、公开性，传播速度极快，受众面极广，对社会影响极深的特点，因此充分利用互联网平台的媒介作用，可以极大地调动公众参与的积极性，听取民意、发挥民智，提高政府社会治理能力。

另一方面，社会转型过程中，政府管理方式和社会治理方式的转变需要网络平台力量的参与，及时吸纳网络的力量。在现代市场经济形势下，结合政府改革方针，为了让公众能够更好地参与到公共事务的治理中，应该加强网络平台的建设，在网络技术的帮助下，丰富政府与公众之间的互动方式。政府通过网络发布各种公告，征求社会意见，开启信访、意见箱等方式，及时吸取社会公众、相关领域专家的意见；政府开通微信公众号、政府直播间，在固定的时间，政府相关机构的工作人员针对公众的提问给出合理的回答，也可以利用互联网平台及时发布有关社会治理的信息，保障公众参与治理的信息权。网络平台手段，不仅提高了政府与公众的沟通效率，还丰富了社会治理的方式，也有利于集思广益，发挥社会公众的建言献策、监督作用，从而提高公共事务的治理能力和治理效率。

二　利用平台属性提升社会参与度

互联网公益参与度显著提高。2017年使用过互联网参与慈善的网民人数规模约为2.51亿。[1] 互联网公益透明度大幅度提升。随着《慈善法》的深入实施，12家平台上捐赠、反馈机制不断完善，公众可以随时了解、监督项目进展和善款使用情况，打破了企业、用户、公益机构间的信任屏障。大型平台企业发挥积极正向作用，腾讯的99公益、阿里道德公益创

---

① 李建升、李巍：《网络慈善发展及其公信力提升分析》，《中外企业家》2019年第5期。

投在社会上均有良好反响。腾讯平台累计参与公益人数 2.3 亿，募集善款 53.2 亿元。阿里公益创投运行 7 年，累计参赛项目达 6423 个，累计获奖项目达 490 个，带动社会化项目资助 5500 多万元，截至 2019 年 5 月底，阿里巴巴 3 小时公益平台有超过 3000 万注册用户，累计入驻公益机构超过 1300 家。

三　发挥网络平台的重要力量，创新社会治理方式

第一，拓宽和畅通网络参与渠道。充分合理利用新媒体，规范公众网络参与渠道。加强政府官方网站建设、政府微信公众号建设、政务微博建设等，紧跟现代自媒体发展步伐，利用多样化的手段和媒介吸取来自不同阶层、不同年龄、不同性别、不同职业的社会公众参与到社会治理之中，听取最广泛的社会民意。

第二，注重培育高质量的网络民意代表和意见领袖。网络这种公共领域因其开放性往往容易形成具有代表性的网络舆论领袖或者民意代表。这些意见领袖往往能够更先获取大众媒体传播的信息，在人际传播的过程中，意见领袖能够将这些信息传递给追随者。因此，培育网络意见领袖，可以在一定程度上改善无序的参与，提高参与的效率。

第三，目前国内相关的法律法规和政策制度涉及网络政治参与的并不完善，这就导致公众在参与网络政治时具有较强的随意性，公众参与到公共政治中也缺乏法律或制度的保障。因此，政府要加强网络信息监测与分析，针对活动相关热点，收集公众对于政务公开和公共政策议题的看法及言论，引导正向积极的公众网络参与氛围，避免出现单一群体引导舆论或公众意见被淹没等情况。各级政府要建立快速灵敏的联动协作机制，加强公安、网络监管等部门之间的沟通和协作，部门之间进行信息沟通与交流，能够更好地解决网络舆论问题。[①]

---

① 李凤翔：《创新社会治理中的公众网络参与研究——以青岛市相关实践为例》，学术论文联合比对库，2017 年 4 月 13 日。

第三节　支持社会组织开展多元社会创新解决社会问题

一　社会组织概况及类型

（一）社会组织概况

截至 2017 年底，全国共有社会组织 76.2 万个，吸纳社会各类人员就业 864.7 万人。全国共有社会团体 35.5 万个，其中工商服务业类 3.9 万个，科技研究类 1.5 万个，教育类 1.0 万个，卫生类 0.9 万个，社会服务类 4.8 万个，文化类 3.9 万个，体育类 3.0 万个，生态环境类 0.6 万个，法律类 0.3 万个，宗教类 0.5 万个，农业及农村发展类 6.2 万个，职业及从业组织类 2.0 万个，其他 6.8 万个。

全国共有各类基金会 6307 个，比上年增长 13.5%，其中：公募基金会 1678 个，非公募基金会 4629 个；民政部登记的基金会 213 个。全年共查处基金会违法违规案件 49 起，行政处罚 49 起。全国共有民办非企业单位 40.0 万个，比上年增长 11.0%，其中：科技服务类 1.6 万个，生态环境类 501 个，教育类 21.7 万个，卫生类 2.7 万个，社会服务类 6.2 万个，文化类 2.1 万个，体育类 1.8 万个，法律类 1197 个，工商业服务类 3652 个，宗教类 115 个，国际及其他涉外组织类 15 个，其他 3.0 万个。

（二）社会组织四种类型

从社会组织产生发展和提供服务视角，我们把社会组织分成四类。

第一类是政府职能转型，或得到权力机关认可而合法存在，并在市场经济中取得了一定的生存发展空间的社会团体，如行业学会、商会、协会、研究会等，其中取得全国活动资格的有 1800 家，历史上均实行双重管理，现在虽然进行了改革，在部门和行业的影响力依然深厚。根据对中国科协下属 199 家全国学会的典型调研，对卫健委、农业部、发改委部分行业协会的调研，其中有一部分协会、学会承担政府部门重要职能工作，有事业编制，有从主管部门拨付的比较稳定的项目实施费用，其在行业领域内制定标准、调研监测行业发展情况、倡导规范市场、协同企业竞争与合作、组织参与国际市场、为政府提供决策咨询与建议，发挥了重要作用。估计其中 20% 取得市场领导地位，生存发展状况很好，另有 20% 面临生存问题，其他生存尚可。

第二类是在社会需求引导、公民意识觉醒、国际组织培育等多元市场中自发形成的草根 NGO，国际上把非营利组织分成 12 类 22 亚类，分别是文化和娱乐、教育和研究、卫生保健、社会服务、环境保护、住宅开发、法律倡导和政治、慈善中介和志愿促进、国际、宗教、商业和专业协会工会、其他组织等。有学者估计我国 NGO 数量约 300 万家。这类组织有多种产生途径，如北京市基于社区和共同志趣而产生的社区社会组织近 3 万家，北京 2009 年组织了全市社区社会组织调查，调查包括三种类型，一是在区（县）民政部门正式登记的社会组织，二是在街道（乡镇）或社区备案的社区社会组织，三是未经登记和备案，但事实上已开展相关活动和工作的各类社区草根组织。第一种所谓"社区社会组织"，主要是指以社区为活动范围，以社区居民为成员或服务对象，以满足社区居民的不同需求为目的而成立的各种社团类组织和民办非企业单位[①]，如社区老年协会、志愿者协会、舞蹈队、腰鼓队，以及社区残疾人康复中心、妇女之家、空巢老人服务中心等。第二种是基于公益服务的特定领域而产生的，如环保领域，2007 年全国有 2768 家环保 NGO 和 22.4 万名成员。第三种是国际组织培育形成的草根社会组织。如全球基金支持的艾滋病防治项目在中国实施，历时八年共实施六轮，涉及大约 10 亿美元，网络遍布 2/3 的中国地区。

第三类基金会是指利用自然人、法人或其他组织捐赠的财产，以从事公益事业为目的的非营利性法人[②]，是对兴办、维持和发展某项事业而储备的资金或专门拨款进行管理的机构，基金会分为面向公众募捐的基金会和不得面向公众募捐的基金会，截至 2012 年我国基金会总数有 2794 家，其中公募

---

① 郑青、夏国永：《赣州发展社会组织提升基本公共服务效能建设研究》，《广西警官高等专科学校学报》2012 年第 7 期。
② 黎霞：《关于基金会发展的几点思考》，《华章》2010 年第 11 期。

基金会 1265 家，非公募基金会 1529 家，2011 年募集资金 219.7 亿元，成为社会公益和慈善服务的重要力量之一。

第四类是民办非企业单位，是指企事业单位、社会团体和其他社会力量以及公民个人利用非国有资产举办的，从事非营利性社会服务活动的社会组织[①]，目前主要分布在教育、卫生、文化、科技、体育、劳动、民政、社会中介服务等领域，民办非企业单位在提供公共服务、促进社会公平、增加社会就业、扩大民间交往等方面，发挥越来越重要的作用，2011 年我国民办非企业单位 20.4 万家。

二　社会组织承担的公共服务

为什么需要社会组织参与公共服务？公共服务按照它是否和公民直接需求相关可以分为基本公共服务和社会公共服务。和全体公民相关的是基本公共服务，满足特定人群需要的服务界定为社会公共服务。根据调研，我们选择了几个案例，从不同角度回答了社会服务的广泛性和特殊性，以及政府作为服务主体的不经济性，如果用一句话概括，就是小众需求汇成大众市场，大众市场需要合理的生存发展空间。

（一）专业服务能力和公益慈善之行完美结合

中国有上亿名志愿者以践行公益慈善为己任，社会组织很多也是以公益慈善为目标的，但从专业服务能力来讲，学会组织更加突出。

专栏 12　麻风病和麻风病防治学会

麻风病是一种贫困病，发病原因是麻风杆菌感染，由于麻风杆菌对周围神经的损害，使病人局部器官失去感知，在生活工作中被伤害，引起病人颜面、肢体的畸残。20 世纪 50 年代以来，我国总计发现 50 万个病例，40 万个治愈，目前中国内地有 21 万余名麻风病存活者，2 级以上畸残者近 10 万人，完全丧失劳动能力的近 4 万人。由于人们对麻风病传染的

---

① 李炜冰：《中国慈善事业发展中的政府责任研究》，南京大学博士学位论文，2013。

担心，对病人也格外歧视。中华人民共和国成立初期政府为控制传染在偏远地区建立了麻风病村，现尚存 617 个麻风病村、6000 位病人，主要分布在云、贵、川、湘、藏等地区。年新发病 1600 例，复发 160 例，新发病中有 87.5% 是多菌型传染性强病例。

中华人民共和国成立初期全国成立了近千所麻风病院，有 10 万人的专业防治队伍，目前多数医院已经转型，尚有 9000 人左右的防治队伍，都是中国麻风病防治学会的会员，他们在大山深处守护着病人，联通所有会员，发展和维护着麻风病防控体系，并打通了学术和实践、研究和临床的壁垒。最近中国团队在麻风病基因筛选、易感麻风病基因识别方面均达到世界领先水平，同时他们在麻风病科普与康复、参政议政方面也做出突出成绩。

（二）创新领域的行业引导和治理

技术创新是我们这个时代的特色和发展的重要推动力量，特别是网络技术的发展，中国数字经济对经济增长的贡献率达到 60%。在享受技术红利的同时，治理也出现一系列问题，如网上恶意逃废债、暴力催收。如何规范新兴行业发展，北京市互联网金融行业协会（以下简称"北京互金协会"）发挥了积极引领作用。他们认为解决网贷行业催收问题，需要从推动催收流程标准化等方面着手，联合各种社会力量，共同打击恶意逃废债。自 2019 年 2 月起，北京互金协会已连续公布了三批网贷机构借贷主体恶意逃废债名单。截至 4 月 18 日，在第三批网贷机构借贷主体恶意逃废债名单上，北京互金协会共收到 31 家机构提交的逃废债名单，涉及 12 万名以上恶意逃废债行为人。据了解，协会正在联络各省（区、市）互金行业协会，在全国范围内向 P2P 网贷从业机构征集借款主体"恶意逃废债"名单。为地方治理金融违法和全国打击网贷失信行为提供了有力的专业支撑。

（三）社会领域疏纷解纷

中国长期存在"看病难、看病贵"现象，同时医患矛盾也比较突出，在专业领域内产生的问题需要专业力量提供解决方案。如中国医师协会推进医生压力管理能力提升。2015～2017 年，该协会开展了"中国医师健康状况调研"，收集问卷 10 万份。调研发现，三级医院的医生平均每周工作51.05 小时，二级医院的医生平均每周工作 51.13 小时，30% 的医生表示自己常常感到抑郁，将近 80% 的医生认为自身健康问题已对工作生活造成影响。62% 的医生发生过不同程度的医疗纠纷，66% 的医生经历过不同程度的暴力伤医事件（包括语言暴力、身体伤害），在如何减少医患纠纷中，38%的受访医生认为需要提高自身沟通能力。

为此，中国医师协会开发了医患沟通与压力管理培训，针对医生的讲座能够改善医务人员沟通技巧，增强其面对冲突与压力的管理能力，减少医患双方由信息严重不对称造成的不信任。

（四）国际交流和全球治理

非政府组织在国际事务和全球治理中发挥着重要作用，有全球影响力的非政府组织有 3 万多家，其中发挥重要作用的 2000 余家。中国"一带一路"倡议提出 6 年来，已经取得巨大的成就和广泛的共识，但民心相通不足是当前"一带一路"建设中的薄弱环节，围绕共建"一带一路"开展卓有成效的民生援助，推动教育、科技、文化等领域交流，是当前和今后"一带一路"走深走实的重点。民间社会组织深度参与'一带一路'中的民生援助，可以发挥灵活性强、专业度高、精细扎实的优势，在弱势群体帮扶、人道主义救助、医疗卫生健康等多个领域开展交流与合作，具有得天独厚的条件和优势。

（五）企业社会责任领域

企业社会责任起源于跨国公司的实践，最初着力点在传统生产领域的自律和规则建立层面。随着互联网传播力量的崛起，所有公司开始重视产品、服务体验和企业社会责任形象。如闲鱼与中国循环经济协会开启"57 类可回收物免费上门回收"就是很好的案例。垃圾分类的制度入法，也标志着传统经济运行方式正式转型为循环经济模式。有数据显示，在我们的日常生活垃圾中，有 30%～40% 可以回收利用，如果能充分挖掘回收这其中的资源潜力，仅北京市每年就可获得数十亿元的经济效益。目前，闲鱼已支持57类可回收物，包括手机、数码、家电、乐器、图书、奢侈品、旧衣、旧鞋、包包、虚拟卡券等，不仅可以免费上门回收，芝麻分达600分及以上，还可以享受最高2000元的信用预付。自闲鱼回收上线以来，已累计减少碳排放5848吨，按照17.9千克可以种植一棵梭梭树来计算，闲鱼已经种下超过32万棵梭梭树，解决了超过6500亩的荒漠问题。① 循环经济协会通过调研、总结、凝练解决方案、案例、创新模式等，并在无废试点城市宣传推广，推动试点示范。

三 未来社会组织提供公共服务的主要领域和空间

（一）公共服务领域

从国外经验看，社会服务、公益慈善和社区服务是社会组织发挥作用的重要领域。目前，国家有关政策已经明确推动社会组织参与五大领域的社会管理和公共服务事项，根据近期重点推进、优先发展的政策部署，公共服务特别是基于社区的公共服务应该成为当前社会组织主攻的重点方向。

充分发挥社会组织的创造力、志愿服务和接"地气"等优势，可以广泛参与社会救助服务、针对特殊人群的服务、互助和便民服务，与居委会形成竞争与合作、渗透与包容格局，提升社区服务质量、广度和深度，提升居民生活品质和满意度。

（二）市场服务领域

中国目前有2800家全国协会、学会、商会、研究会。全国社团组织下面还有省市协会、学会、商会等，它们在行业领域拥有越来越重要的影响力。其在反映行业和会员诉求、规范行业企业行为、维护市场秩序、应急公关、前瞻市场、资源共享、跨国治理等领域已经发挥重要作用，未来成长空间更大。

---

① 文雪梅：《互联网＋资源循环利用大有可为》，《中华工商时报》2019年7月10日。

（三）人力资源培训认证领域

人力资源认证政府事权取消以后，行业培训市场出现混乱无序现象，为社会组织进行职业资格认证、职业生涯规划腾出了市场空间。随着行业社会组织社会公信力提升，人力资源领域的服务提供者会成为一个职业素养服务平台。

（四）文化建设传播领域

文化是文明的载体，也是形成社会凝聚力的基石，随着人民生活水平的提升，其对文化消费的需求日益增长，发展出多样性、个性、特性需求。同时"一带一路"建设，迫切需要文明、文化的交融和联结，这些为社会组织在文化建设和传播领域发展提供了广阔的空间。

（五）开放小众服务领域

小众服务是低频、少量需求，它和高频大众需求相对应。由于中国人口规模巨大，小众市场汇聚也能形成巨大的市场空间，如学者的互助服务、网络组织、兴趣组织，在小众细分市场建立秩序、规范，提供满意的服务，既能形成社会组织的多生态，也能创造公共服务大市场。

参考文献

曾红颖等：《我国山洪灾害防治出现新特征》，《改革内参》2016年第6期。

曾红颖：《群测群防减灾模式实行中的问题与建议》，《改革内参》2016年第6期。

曾红颖等：《巨灾保险发展需要政策给力》，《改革内参》2016年第6期。

王名、蔡志鸿、王春婷：《社会共治：多元主体共同治理的实践探索与制度创新》，《中国行政管理》2014年第12期。

王思斌：《社会治理结构的进化与社会工作的服务型治理》，《北京大学学报》（哲学社会科学版）2014年第6期。

向德平、苏海：《"社会治理"的理论内涵和实践路径》，《新疆师范大学学报》（哲学社会科学版）2014年第6期。

杜飞进：《中国现代化的一个全新维度——论国家治理体系和治理能力现代化》，《社会科学研究》2014年第5期。

王浦劬：《国家治理、政府治理和社会治理的基本含义及其相互关系辨析》，《社会学评论》2014年第3期。

王浦劬：《国家治理、政府治理和社会治理的含义及其相互关系》，《国家行政学院学报》2014年第3期。

徐猛：《社会治理现代化的科学内涵、价值取向及实现路径》，《学术探索》2014 年第 5 期。

范如国：《复杂网络结构范型下的社会治理协同创新》，《中国社会科学》2014 年第 4 期。

张康之：《论主体多元化条件下的社会治理》，《中国人民大学学报》2014 年第 2 期。

王思斌：《社会工作在创新社会治理体系中的地位和作用——一种基础—服务型社会治理》，《社会工作》2014 年第 1 期。

姜晓萍：《国家治理现代化进程中的社会治理体制创新》，《中国行政管理》2014 年第 2 期。

江必新、李沫：《论社会治理创新》，《新疆师范大学学报》（哲学社会科学版）2014 年第 2 期。

李立国：《创新社会治理体制》，《求是》2013 年第 24 期。

周晓丽、党秀云：《西方国家的社会治理：机制、理念及其启示》，《南京社会科学》2013 年第 10 期。

刘伟忠：《我国地方政府协同治理研究》，山东大学硕士学位论文，2012。

郁建兴、任泽涛：《当代中国社会建设中的协同治理——一个分析框架》，《学术月刊》2012 年第 8 期。

张康之：《合作治理是社会治理变革的归宿》，《社会科学研究》2012 年第 3 期。

田毅鹏：《城市社会管理网格化模式的定位及其未来》，《学习与探索》2012 年第 2 期。

罗光华：《城市基层社会管理模式创新研究》，武汉大学硕士学位论文，2011。

麻宝斌、任晓春：《从社会管理到社会治理：挑战与变革》，《学习与探索》2011 年第 3 期。

张康之、程倩：《网络治理理论及其实践》，《新视野》2010 年第 6 期。

杨雪冬：《走向社会权利导向的社会管理体制》，《华中师范大学学报》

（人文社会科学版）2010 年第 1 期。

张康之：《论参与治理、社会自治与合作治理》，《行政论坛》2008 年第 6 期。

肖文涛：《社会治理创新：面临挑战与政策选择》，《中国行政管理》2007 年第 10 期。

冯仕政：《沉默的大多数：差序格局与环境抗争》，《中国人民大学学报》2007 年第 1 期。

张康之：《走向合作治理的历史进程》，《湖南社会科学》2006 年第 4 期。

孙晓莉：《多元社会治理模式探析》，《理论导刊》2005 年第 5 期。

陈庆云、鄞益奋、曾军荣、刘小康：《公共管理理念的跨越：从政府本位到社会本位》，《中国行政管理》2005 年第 4 期。

孙晓莉：《西方国家政府社会治理的理念及其启示》，《社会科学研究》2005 年第 2 期。

中国行政管理学会课题组：《强化政府社会管理职能　提高政府社会治理能力》，《中国行政管理》2005 年第 3 期。

刘祖云：《历史与逻辑视野中的"服务型政府"——基于张康之教授社会治理模式分析框架的思考》，《南京社会科学》2004 年第 9 期。

张康之：《公共管理：社会治理中的一场革命（上）》，《北京行政学院学报》2004 年第 1 期。

张康之：《论新型社会治理模式中的社会自治》，《南京社会科学》2003 年第 9 期。

张康之：《社会治理中的价值》，《国家行政学院学报》2003 年第 5 期。

胡宁生：《国家治理现代化：政府、市场和社会新型协同互动》，《南京社会科学》2014 年第 1 期。

俞可平：《推进国家治理体系和治理能力现代化》，《前线》2014 年第 1 期。

许耀桐、刘祺：《当代中国国家治理体系分析》，《理论探索》2014 年第 1 期。

郑言、李猛：《推进国家治理体系与国家治理能力现代化》，《吉林大学社会科学学报》2014 年第 2 期。

何增科：《理解国家治理及其现代化》，《马克思主义与现实》2014 年第 1 期。

姜晓萍：《国家治理现代化进程中的社会治理体制创新》，《中国行政管理》2014 年第 2 期。

辛向阳：《推进国家治理体系和治理能力现代化的三个基本问题》，《理论探讨》2014 年第 2 期。

徐勇、吕楠：《热话题与冷思考——关于国家治理体系和治理能力现代化的对话》，《当代世界与社会主义》2014 年第 1 期。

江必新：《国家治理现代化基本问题研究》，《中南大学学报》（社会科学版）2014 年第 3 期。

张文显：《法治与国家治理现代化》，《中国法学》2014 年第 4 期。

唐皇凤：《新中国 60 年国家治理体系的变迁及理性审视》，《经济社会体制比较》2009 年第 5 期。

林尚立：《现代国家认同建构的政治逻辑》，《中国社会科学》2013 年第 8 期。

刘挺：《风险社会与全球治理》，《社会科学家》2004 年第 2 期。

赵延东：《风险社会与风险治理》，《中国科技论坛》2004 年第 4 期。

肖金明：《社会管理创新：意义、特征与重心所在》，《山东大学学报》（哲学社会科学版）2012 年第 4 期。

何平立：《认同感政治：西方新社会运动述评》，《探索与争鸣》2007 年第 9 期。

范逢春、尤佳：《社会治理现代化：理念、制度与过程的三维重构》，《河南社会科学》2015 年第 1 期。

吴建南、郑烨、贾金晓：《国家治理体系现代化的网络结构与实践路径——十八届三中全会〈决定〉的社会网络分析》，《上海行政学院学报》

2015 年第 2 期。

王薇：《英国推进社会治理现代化的主要历程、特点及启示》，《当代世界与社会主义》2015 年第 2 期。

范逢春：《国家治理现代化的社会质量路向》，《湖南社会科学》2015 年第 2 期。

宋明晏：《加快推进首都社会治理现代化——〈关于深化北京市社会治理体制改革的意见〉解读》，《前线》2015 年第 9 期。

国家民间组织管理局编《2011 年中国社会组织理论研究文集》，时事出版社，2012。

图书在版编目（CIP）数据

创新社会治理：行动者的逻辑 / 曾红颖著. -- 北
京：社会科学文献出版社，2019.9
ISBN 978 - 7 - 5201 - 5458 - 1

Ⅰ.①创…　Ⅱ.①曾…　Ⅲ.①社会管理 - 研究 - 中国
Ⅳ.①D63

中国版本图书馆 CIP 数据核字（2019）第 192263 号

创新社会治理：行动者的逻辑

著　　者 / 曾红颖

出 版 人 / 谢寿光
责任编辑 / 张　媛

出　　版 / 社会科学文献出版社·皮书出版分社（010）59367127
　　　　　　地址：北京市北三环中路甲 29 号院华龙大厦　邮编：100029
　　　　　　网址：www. ssap. com. cn
发　　行 / 市场营销中心（010）59367081　59367083
印　　装 / 三河市龙林印务有限公司

规　　格 / 开　本：787mm × 1092mm　1/16
　　　　　　印　张：15.5　字　数：236 千字
版　　次 / 2019 年 9 月第 1 版　2019 年 9 月第 1 次印刷
书　　号 / ISBN 978 - 7 - 5201 - 5458 - 1
定　　价 / 69.00 元